巧学妙用汉语虚词

王 伟 陈 凌 邵红梅 编著

贵州出版集团
贵州人民出版社

出版说明

兴趣是最好的老师,知识的学习更是如此。如果学习者缺乏兴趣,阅读就将是一个枯燥无味的过程,轻松快乐的学习也就无从谈起。基于这样的事实,本着"兴趣阅读、快乐学习"的理念,我们经过深入调研,与国内的众多专家学者及一线教师全力合作,为所有希望将学习变得轻松愉快的朋友奉献上"快乐阅读"书系。

"快乐阅读"书系,以知识的轻松学习为核心,强调阅读的趣味性。它力求将各种枯燥无味的知识以轻松快乐的方式呈现,让读者朋友便于理解接受。它的各种努力,只有一个目标,即力图将知识学习过程轻松化、趣味化。读者朋友在阅读过程中,既能保持心情愉快,又能学有所得。在轻松愉快的氛围中学习,让知识学习成为读者朋友的兴趣,本身就是提高学习效率最有效的途径。

"快乐阅读"书系首批图书分为"语文知识"、"作文知识"、"数学知识"、"文学导步"、"文学欣赏"、"语言文化"、"个人修养"七大板块,各个板块之下又有细分。英语、生物、化学等相关的知识板块将会在以后陆续推出。针对不同学科知识的特点,本书系以不同的方式来达到轻松快乐的目的。要么是以故事的形式,在故事的展开之中融入相关知识;要么是理清该知识点的背景,追根溯源,让读者朋友知其然,更知其所以然,让理解更为轻松。总而言之,就是以最恰当的方式呈现相关的知识。

希望这套"快乐阅读"书系能陪伴每一位读者朋友度过美好的阅读时光。

编　者

2020 年 10 月

目　录

开场白

　　汉语虚词属于封闭性的词类，每一类虚词的数量又都是有限的，但是就汉语的整个词类来说，汉语虚词的使用频率又是相当高的。不过，虚词却是汉语学习的一个难点。在本书中我们共设了六章内容，从虚词的作用、意义以及虚词的使用、辨析等几个方面分别进行了讲解，希望对广大青少年朋友学习汉语虚词能够有所帮助。

　　学习汉语虚词，首先我们要弄明白两个问题：什么是虚词？为什么要学习虚词？

　　首先，我们来说说什么是虚词。关于虚词的概念，想必大家会感到陌生，或者不是很了解，可是说到汉语的副词、连词、介词、助词、语气词、叹词，大家还是都能明白的。现代汉语中把词按意义和用法分成了实词和虚词两大类。一般能够单独回答问题，有实在意义的词，我们把它叫做实词；把不能够单独用来回答问题，没有实在意义，但是能够帮助造句，有重要语法作用的词叫虚词。虚词虽然没有实词那样具体的意义，但是它却有重要的语法作用。例如："进去"和"进去吧"意思是不一样的，后者就带有商量或者祈使的语气。又如"他"和"他的"，后者有表示归属的含义。可见虚词"吧"和"的"在句子中的作用，决定了句子的含义。简单来说，虚词就是不表示实在意义，不能独立成句，只起到表达语法作用的词。

　　其次，再来谈谈为什么要学习虚词。任何一门语言，都是人们表情达意、进行交际的工具。为了能够充分发挥语言的交际作用，就需要不断提高驾驭语言的能力。汉语虚词在汉语里是表情达意的一种重要语

巧学妙用汉语虚词

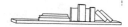

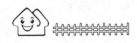

法手段,一组实词是不能完整表达句子含义的,它必须借助虚词进行成句,因而不能正确地使用虚词就不能正确地表达思想和感情。虚词的使用是有一定规律的,运用得好,往往能一字传神!比如:古诗"劝君更尽一杯酒,西出阳关无故人"一句中的"更"字,生动传神地表达出送别友人时的不舍之情。所谓举杯消愁愁更愁,然而此处却劝君,即使醉吧,还应喝下去。何故? 西出阳关,黄尘漫漫,荒凉千里,决无故人。所以,若无"更"字,便不成千古绝唱。同样,学好虚词对于语文学习中的阅读和写作也是有重大意义的。

本书的编写本着轻松的原则,既重知识的准确性,又重语言的通俗性。若读者朋友在轻松的阅读氛围中不知不觉地掌握了汉语虚词的用法,那将是笔者最大的欣慰。由于笔者精力有限,在编写中疏漏在所难免,望读者朋友批评指正。

第一章

戏说虚词

一 开心一刻——虚词惹的祸

某日，老师给学生讲《论语》。当讲到"子曰：学而时习之，不亦悦乎?"这句话时，老师解释说："子，孔子；曰，说；学，学习；而，虚字；时，时常；习，温习；之，虚字；不，虚字；亦，虚字；悦，高兴；乎，虚字。"讲完，老师问道："你们听懂了吗?""听懂了!"学生齐声回答。老师很高兴，便对一名学生说："那你连起来讲一遍。"这名学生站起来，摇晃着身子讲道："孔子说，学习虚字，时常温习虚字，虚字，虚字，高兴的虚字!"

这则笑话中的虚字，今称为虚词。前言中已经说过，所谓虚词，其意义比较抽象，不能单独成句，但有帮助造句的作用。古人云："千言万语，只此数个虚字，出入参伍于其间，而运用无穷矣。"（千言万语，只要用几个虚词穿插于其中，就可以达到不同的语言效果。）可见虚词很重要，老师讲解时指出来，是必要的，可惜学生不懂这一点，结果闹出了这样的笑话。

从词义的角度看，虚词不表示词汇意义，只表示概念之间的各种语法关系和句子的语气。由于"不表示词汇意义"，所以有人认为虚词在

句中是可有可无的。其实,此言差矣。明白虚词的含义,并加以巧妙运用,可以加强语气,使我们的表达显得更有特色。

二 四两拨千斤——虚词的威力

这里用四两拨千斤来形容虚词的威力,其实一点也不夸张。正确、巧妙地使用虚词有时不仅能够使语言的表达圆润铿锵,还能使文章的气势旋转流畅。

相信大家都读过鲁迅先生的小说《阿Q正传》,在第五章"生计问题"中有一段关于阿Q与小D势均力敌、难分胜负的"龙虎斗"的描写:

……四只手拨着两颗头,都弯了腰,在钱家粉墙上映出一个蓝色的虹形,至于半点钟之久了。

"好了,好了!"看的人们说,大约是解劝的。

"好,好!"看的人们说,不知道是解劝,是颂扬,还是煽动。

这里的"好!"与"好了!"仅仅是一个虚词"了"的有无,两者的表达意思就迥然不同。这一个简单的"了"字描画出了两种态度截然相反的看客,将人物灵魂刻画得入木三分,文章意蕴由此深刻。虚词运用之妙,真是四两拨千斤,一个"了"字足见其威力。

再来看我们作业中的许多"了":

(1)电话突然响。/电话突然响了。

（2）你是全班第一名。/你是全班第一名了！

（3）第一次举行升旗仪式。/第一次举行了升旗仪式。

上面所举例句中，后句都比前句多一个"了"字，通过比较可以发现"了"在句子中要么起到了完句的功能，要么转化了话语的语气要么改变了说话者的意思。

看到这里，大家都不禁惊讶，原来一个小小的"了"字都可以有这么多讲究啊！看来，我们平时觉得在句子中一些可有可无的词语还真是不容小觑呢！

小贴士：

"了"字我们常常用，用和没用不一样，你若再要轻视它，犯了错误你可别怪它。记住：它既能完句、变语气，又能改变原意、表态度，还有什么作用没点到，开动脑筋大家一起想。

三　词海之中独自美丽——虚词的魅力

在同学们的心目中，虚词这个东西像浮萍一样飘无所依，对它的出现充满了莫名的恐惧，但是茫茫词海中，我们怎能舍它们而去？频频见它，词海之中独自美丽。它仿佛有一种魔力，那一刻我们竟无法言语，从此为了它受尽了委屈，我们选择不再逃避，于是，虚词成了我们学习中最美的记忆。

那么，我们一起欣赏有关虚词的魅力吧！

有"人民艺术家"之美誉的老舍，他的一篇作品《宝船》被选编进日本的汉语课本。日本出版界有人曾向老舍请教："您的作品中有一处这样写道：'开船喽！'请问这里为什么不用你们常用的'啦'字，而要用这个'喽'字呢？"老舍莞尔一笑，说："这个地方，我记得自己当时念过，推敲过的。在咱们中国的北方方言里边，'喽'字是对大伙儿说的。如果说'开船啦！'那只是对一个人说的，而喊'开船喽'则表示招呼大家。在

拙作《宝船》中,这句话不正是对大伙儿说的吗?"语音未落,掌声四起,在座的日本朋友竖起大拇指,啧啧赞叹。"喽"字与"啦"字,都是"虚词"中的语气助词,初看好像没多大区别,可是老舍先生把它放到具体的语言环境中去揣摩,便有了如此奇妙的差别!看来其中的学问的确不小,"虚词"的魅力可见一斑!

"君恩深似海,臣节重如山",这是洪承畴为明末大臣时,在家中厅堂挂出的一副对联。洪承畴在位时颇得崇祯皇帝宠幸,官至兵部尚书,位高权重,他对朝廷也充满了感恩戴德之情,因此作了这副对联,以表明自己一定会坚守气节。后来在与清兵作战时,洪承畴被俘。朝廷上下以其一贯言行观之,无不以为他会以身殉国,却不料他在威胁利诱之下,叛国投敌,完全丧失了节操。于是有人在他的对联上加了两个字,变为了:"君恩深似海矣,臣节重如山乎?"于是这副对联的意思就全变了:你受明朝君王之恩似海深啊!你的节操真像山那样不可动摇吗?

这"矣"和"乎",都是抒发感情的语气助词,单看没什么特别的意思,可是放到这副对联中却充满了无情的嘲讽,辛辣有力!于此,我们深感"文必虚字备而后神态出"(刘概《论文偶记》)一语不虚啊。

> **小贴士:**
>
> 在众多的虚词之中,每一个虚词都有它独特地魅力所在,不是它们缺少美,而是我们缺少善于发现美的眼睛。

四 该出手时再出手——虚词的使用

和实词一样,虚词也被分成了各门各类,大家分工明确、职责清晰。要想准确分配好它们的任务那可是有讲究的,你若错用、乱用、随心而用,不仅不能有效地完成任务,说不定还会闹笑话呢。

有则趣闻说,有一名学生写文章总是喜欢滥用"而"字,老师告诉他："而字好比钉耙,用得恰当,可以松土插秧,用得不好,就要毁坏庄稼了。"学生没有理会。老师为了引起学生的重视,也用一连串的"而"字在学生的卷上批阅到:"而不知而可而而不而不可而而而而而今而后而已而已。"那个学生顿时就傻眼了。

原来这句话是这样的:"而不知而,可而而不而,不可而,而而而,而今而后,而已而已。"意思是说,你不懂得"而"的用法,应该用"而"的地方不用"而",不应该用"而"的地方却用了"而",你要像现在这样用"而",以后你的水平也就不过而已(如此)而已(如此)了。

这则小趣闻,笑过之余,不禁令人回味良久。我们的同学在汉语学习中虽然不会走这种极端,可也经常是破绽百出。平时我们不重视虚词,然而翻开我们的作文本,却满篇蹦蹦跳跳的都是虚词,心里不重视,笔下又多用,这样就难免会有"乱砍滥伐"之患。我们千万不能学习故事中的"而同学",否则,以后我们的语文水平也只能是"而已而已"了。

小贴士:

一个"而"字引故事,虚词使用有讲究,不按规则来出牌,那最终只能被出局。

五 从"差一点"和"差一点没"
说起——虚词的奥妙

考试成绩在大家焦急的等待之中,终于出来了。小甲拿着成绩单高兴地对小乙说:"我差一点没及格。"小乙对小甲说:"我差一点及格了。"小丙说:"我差一点被你们说糊涂了,幸亏我差一点没糊涂。"

读了这则故事,我们才是一阵狂晕,差一点崩溃了,但是我们差一点没崩溃。小甲、小乙和小丙,三人一会"差一点",一会"差一点没",到底是差了,还是没差呢? 原来答案是这样的:

小甲:我差一点没及格。(及格了)

小乙:我差一点及格了。(没及格)

小丙:我差一点被你们说糊涂了。(没糊涂)

我差一点没(被你们说)糊涂。(没糊涂)

大家看到这样的结果是不是更觉得丈二和尚摸不着头脑了?怎么"差一点"和"差一点没"它们表达的意思一会儿是一样的,一会儿又是完全相反的呢?我们不妨仔细研究下它们后面的词语,"及格"和"糊涂",考试我们当然都希望自己能够及格了,可是没有人愿意做一个糊涂的人啊!所以,当说话人想表达不希望发生的,不愿意接受的事情时,"差一点"和"差一点没"表达的意思是相同的,而当说话人想表达希望发生的,愿意接受的事情时,"差一点"和"差一点没"表达的意思则是不相同的。

一对已婚夫妇,因为生活上的小摩擦,闹离婚闹到了法院。回来以后,邻居问丈夫:"离了没有。"妻子说:"差一点离婚了,幸亏他妈妈及时地劝解。"又有人问妻子:"离了没有。"丈夫说:"差一点没离婚,幸亏我一再坚持。"那么,他们到底离婚了没有呢?按照我们上面所说的:"说话人是否希望这件事情发生",结果就产生了分歧。

妻子:差一点离婚了,幸亏他妈妈及时地劝解。(没离婚)

丈夫:差一点没离婚,幸亏我一再坚持。(离婚了)

按照常规的理解,"离婚"是我们所不希望发生,不愿意接受的事情。那"差一点离婚了"和"差一点没离婚"意思应该是一样的,就是"没离婚"。但是我们的前提是"说话者态度",当事人是否希望这件事情发生。显然,例子中之所以表达出不同的含义,就是由于说话者的态度决定的。妻子的话表达的是"没离婚"的含义,说明妻子的内心是不希望离婚这件事情发生的;而丈夫的话表达的是"离婚了"的含义,说明丈夫的内心是希望离婚这件事情发生的。

所以,在理解这样的话语含义时,一定要弄明白说话者的态度,到底是说话人希望发生的事情还是不希望发生的事情。

说了这么多，那"差一点"和"差一点没"又怎么和虚词扯上关系了呢？在《现代汉语词典》中，"差一点"被作为副词来理解，而副词属于比较典型的虚词，"没"在这里也是作为副词。"差一点"和"差一点没"就因为一否定副词"没"之差，结果既可以表达相同的含义，也可以表达不同的含义。看来"没"真的是很有意思的虚词，这也正是虚词的奥妙之所在。聪明的你，明白了吗？

六　艰难困苦，玉汝于成——虚词和虚化

谈到"虚词"，就势必会讲到"虚化"。虽然对于初学者来说这个概念会很陌生，但为了更好地了解和掌握汉语虚词，我们有必要对它进行简单介绍。

现代汉语中的虚词大多都是通过实词变化而来的。在人类社会的发展过程中，语言也在不断演变，一些实词慢慢丧失了"实"的部分，词的概念意义慢慢消失，只剩下语法意义，变成了虚词。这个过程，我们称之为"虚化"。在现代汉语相关的研究中，也有学者将其称为"语法化"，如沈家煊说："'语法化'通常指语言中意义实在的词转化为无实在意义、表语法功能的成分这样一种过程或现象，中国传统的语言学称之为'实词虚化'。"

在古代汉语中，大部分虚词都来源于实词虚化。汉语虚词大多是由动词和形容词虚化而成，常用的古代汉语虚词，如副词、介词、连词三类大部分都是由动词虚化而来的。其中虚化为副词的情况有：如、并、顾、

更、复、尽、敢、窃等;虚化为介词的情况有:由、因、用、及、连、和、被、在等;虚化为连词的情况有:如、使、藉、借等。

动词为什么会有虚化现象发生呢? 因为汉语的句子主要是"主—谓—宾"的结构,动词一般都充当谓语的成分。如果当这个句子中又出现了其他的动词,那么这个动词的动作性就会变弱;如果一个动词经常处于这种"弱势"的地位,那么它的位置就慢慢固定下来,意义也会随着动作性减弱而减弱,从而只承担语法功能的作用,而没有实际的概念意义。

以"着"为例,我们来了解一下它的"虚化"过程。"着"在现代汉语中可以作为助词,而在古代汉语中,"着"并没有这种用法,"着"的意思是"附着"。到了东汉时期,"着"经常作为后一个动词用于连动结构,如《论衡》中,"盖人思有所倚着,则精有所尽索",这里的"着"和前面的动词"倚"连用,"附着"之义开始变弱。后来,"着"前面的动词可以有"移动"意思,如"玄怒,曳着泥中"。在这里,表示"附着"状态的意义就基本丧失了。另外,"着"前面的动词也可以直接跟表示处所的名词,所以不需要"着"来引出宾语,于是"着"与后面的宾语联系变松,而与动词更紧密。到了唐代,"着"就开始用于表示静态的持续,并出现了"动词 + 着 +(宾语)"的格式,这时的"着"已经虚化成助词。

可见,动词的词义发生虚化是一个漫长的过程,当动词在句子中使用的位置长期被固定,并且可以由其他动词承担表达意义的作用时,那么,这个动词就会慢慢被虚化而丧失了原来的行为、动作意义。再如,汉语"把"、"被"、"从"等原来都是实义的动词,现已虚化为介词。

另外,还有一些特殊的情况,虚化有程度的差别,实词变为虚词是虚化,虚词变为更虚的成分(如词缀)也是虚化。这种情况比较复杂,在这里就不再作介绍了。

第二章

虚词重要 不可小觑

中国社会科学院语言研究所词典编辑室所编的《现代汉语词典》中收录实词 5 万多条,上海辞书出版社出版的《辞海》收了 9 万多条,就一般常用的实词来说,也在 25000 个左右。相对来说虚词的数目则要少得多,大约只有 900 个,常用的也只有 450 个左右。由于虚词在数量上要比实词少得多,而重要性绝不亚于实词,甚至大于实词,因此虚词在交际中的使用频率比实词要高得多。像"的"、"了"的使用频率之高是任何一个实词所无法与之相比的。

有人把实词比作人体的血肉、骨头、毛发,把虚词比作人体的经络。这比喻当然不一定恰当,但却说明了虚词数量虽少但是非常重要。虚词的运用往往会牵涉到整个句子的结构,影响到整个句子的意思。如果把现代汉语里的"着、了、过、的、吧、不、呢"等去掉了,那势必会影响到正常的交际。

虚词在各种语言里都占有极其重要的地位,而在汉语中尤其显得重要。汉语就其语法来说是缺少形态变化的语言。汉语既没有俄语、法语、英语里那种形态标志和曲折变化,也没有日语、朝鲜语里那种黏附形式。这样,虚词在汉语中担负着更为繁重的语法任务,起着更为重要的语法作用。因此,我们要提高文化水平和语文修养,就不能不重视虚词的运用。

　　实词用得好固然不容易,虚词要用得好,则更难。可能就因为这个缘故,一般讲炼字、炼词时,只讲炼实字、实词,不大讲炼虚字、虚词。其实,炼虚字、虚词是写作中很值得注意的一件事。一个虚词用得好,不仅能使它所在的句子收到很好的表达效果,而且往往会把整段乃至整篇文字写活,收到意想不到的表达效果。例如,王安石的《泊船瓜州》一诗中的"春风又绿江南岸"一句,历来被看成是讲究修辞的范例。好在哪儿?一般都着眼那个"绿"字,据说这个"绿"字是王安石改了十几次才最后选定的。这个"绿"字确实可以称得上炼词的典范。但是,这一诗句中的虚词"又"同样也是诗句出彩之处,这也是我们不应该忽略的。古有诗人贾岛"吟成一个字,捻断数根须"、"两句三年得,一吟双泪流"的诗句,都说明写文章要讲究炼词炼句,而锤炼词语就一定不能忽略虚词。

一　一身二任——虚虚实实

一、兼类问题

　　关于汉语词汇的虚实问题,其实指的就是词语的兼类问题,也就是说一个词它既有实词的性质也有虚词的性质。汉语虚词的兼类一直是我们学习虚词过程中所关注的焦点问题,尤其表现在学习文言虚词的过程中。对于文言虚词,既要掌握它的本义,又要知道它的引申义、假借义等。这些都给文言虚词的学习带来了一定的难度。

我们来看下面几组例子：

例：在

　　他在教室呢。（动词）
　　列车在夜间到达这里。（介词）

例：别

　　你把那沓发票别起来。（动词）
　　别去深水处游泳。（副词）

例：净

　　一潭净水，轻轻流淌。（形容词）
　　下过雨后的操场上净是水。（副词）

例：通过

　　我们学院的研究生都顺利通过了中期筛选。（动词）
　　通过这次大检查，发现了许多管理方面的漏洞。（介词）

以上例句中加点的词语都存在实词与虚词的兼类，具体说就是它们既可以作实词中的动词、形容词，也可以作虚词中的介词、副词。

那么我们怎么来区别词语的虚实问题呢？首先，我们来具体说一说虚词的特点：

1. 虚词不像实词那样能表示比较实在的词汇意义，虚词一般只表示抽象的语法意义，而且这种语法意义还不是虚词本身具有的，而是在与实词发生关系时才产生的。

2. 虚词不像实词那样大多能自由地单独说出来，虚词都是黏着的，即只能与实词结合，不能单独说出来。

3. 虚词不像实词那样能够自由地充当主语、宾语、定语、谓语（述语）、中心语、补语等各种句法成分。只有一些虚词，如副词，可以充当状语。

请同学们用这些标准检验下面例句中的加点词，是不是很简单

了呢?

(1)跟谁说过话呢?/跟着这个人。
(2)管白薯叫红苕。/你别管我了。
(3)为新中国奋斗。/都是为了你。
(4)就按他说的做。/按一下按钮。
(5)比爸爸还高呢。/比不过鲁迅。

(答案:左面一组都是介词;右面一组都是动词。)

二、介词与动词的区别

介词与动词的兼类问题,是大家比较容易混淆的问题,具体说来,它们的区别大概包括以下几个方面:

1.介词(包括介词结构)一般不能够单独说出来,而动词(包括动词结构)却可以单独说出来。例如,不能说"从"或"把",也不能说"从今天"、"把衣服"。当介词结构单独出现时,如"在家(休息)",介词结构变成了动宾结构;再如:"叫他(打破了)",意思又发生了改变。而动词和动词结构通常都可以单用,结构也不会发生改变。如:"漂亮、好看、走过去、洗衣服"等。

2.介词一般都不能重叠,而动词大多数都可以重叠。如:汉语中不存在"从从、把把、在在"这样介词重叠的说法。而动词绝大部分都可以重叠,如:"蹦蹦跳跳、来来回回、洗一洗、走了走"等。

3.介词后不能带动态助词"着、了、过",也就是说介词(包括介词结构)都不能单独作谓语,而动词(包括动词结构)都可以单独作谓语。比如不能说"我被了"、"我把他过",但却可以说"我躺着"、"我去过"、"我生病了"等。

请同学们想一想,汉语中的介词还有哪些,各自有什么特点?比如有没有纯粹的介词(即任何时候都不能当动词的介词)?介词还有什么特殊的用法(比如介词结构除了作状语还能充当什么样的句法成分)?

二 透过现象看本质——虚词的性质

虚词同实词的关系是相对的,实词能够单独充当句法成分,而虚词一般不能单独充当句法成分,它必须依附实词才能进入语句结构。因此,各类虚词总是黏着在实词、词组、分句以及句子上,起到黏附的作用,从而表示出种种语法意义,所以,凡是虚词大多都具有黏着性,不能够独立使用。

介词经常黏着在名词、代词或名词性词组的前边,组成介词词组,作动词或形容词的修饰语,从而表示时间、处所、对象、范围等意义。例如:

(1)黄鹂鸟在枝头歌唱。
(2)花儿向太阳公公微笑。
(3)关于儒家学说的作用历来有不同的评价。

例(1)中,介词"在"与名词"枝头"组成介词词组,表示主语所在的处所;例(2)中,介词"向"与代词"太阳公公"组成介词词组,表示主语所指的对象;例(3)中,介词"关于"与名词性词组"儒家学说"组成介词词组,表示主语指称的范围。

助词的黏着性在虚词中是最强的。它总是黏着在词、词组或句子上,与这些词或词组一起构成某种语法意义,不能独立成句。举例来说,结构助词"的"是黏着在词或词组之后,表示它前面的成分是定语;"地"黏着在词或词组之后,表示它前面的成分是状语;"得"黏着在动词或形容词之后,表示它后面的成分是补语。动态助词"着、了、过",通常黏着

巧学妙用汉语虚词

在动词或形容词的后面,表示各种不同的时态关系。

语气词在这里我们也把它看做助词,它也具有很强的附着性,一般黏着在句子的末尾(少数放在句中,后面有停顿),表达各种语气,增强表达的效果。

以上列举的三类助词虽然表示的语法意义各不相同,黏着的对象也不一样,但主要的语法特性是相同的,即都具有黏着性,不能单独做句子成分。虚词的黏着性可以看做是区别于实词的标准之一。

连词的作用是连接句子成分,从而使语句表意完整,而这种作用本身就离不开虚词黏着的特点。从连接的成分看,可以是词或词组,可以是分句,也可以是独立的句子。连接词和词组,如:"农夫与蛇"、"目前的形势和我们的任务",表示联合关系;连接分句,如"劳动虽然很辛苦,但心情是愉快的",表示的是转折的关系;"因为有你,所以生活更加美丽",表示的是因果关系。

由此看来,不管是助词、介词还是连词,它们就像羽翼未丰的雏鸟,还不能离开母亲的呵护,从而独立、自由地生活,而是具有黏着性的特点。这一点大家记清楚了吗?

三　千万不能站错队——虚词的位置

大家来排队:

暑假里的一天,小明在他的日记中这样写道:我早上吃过早饭以后,我看电视一边,写作业一边。上午,我写完了语文作业,写完了数学作业又,看了两集动画片还。下午,画了一幅画,背了两首唐诗然后,又看动画片了接着。今天啊过得真有意义!(聪明的你能帮助小明把这些虚词放到合适的位置吗?)

虚词在语句里的位置大部分都是固定的,有的只能前置,有的只能后置,通常不能随便换位置,否则就会犯表意不清的毛病。从虚词在语句中的位置进行分类,可以把虚词分为前置定位虚词和后置定位虚词两类。

1.副词的位置

虚词中的副词除了"极、很"以外,其余的都是前置定位虚词,它们经常用在动词、形容词前,表示种种语法意义。例如:

(1)他拿着那张童年时的照片看了又看。

(2)那又浓又翠的景色令人陶醉。

副词"又"用在动词"看"的前边,表示动作的重复;两个"又"分别在形容词"浓"、"翠"之前,表示两种性状的同时存在。

2.介词的位置

虚词中的介词都是前置定位虚词,它们的位置总是固定在名词、代词或词组前,与之组成介词词组,表示种种语法意义。例如:

队伍沿着弯曲的小路向东走去。

介词"沿着"与定中词组"弯曲的小路",介词"向"与方位名词"东"组成介词词组,修饰动词"走",表示方向。

3.连词的位置

虚词中的连词总是用在表示并列关系的词语之间,因此,连词也是前置定位虚词。从表面上看,连词好像用在两个成分之间,如"北京和上海"、"感性认识同理性认识",但是,如果没有后一连接项,就不能使用连词。这个特征在复句和句群中表现得最为明显。复句中的连词一般总是出现在分句之前,例如:"因为我们要不断前进,所以要不断地学习。""要想身体好,只有坚持锻炼。"句群中如果用连词,也是用在后继句子之前,例如:

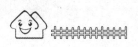
这件事已经过去四年多了。但是,那激动人心的一幕,却一直深深地印在我的脑海里。

4. 助词的位置

虚词中的助词,最具有黏着性的特点,所以它只能黏附在词、词组或句子后面,表示种种附加意义。这类虚词可以称作后置定位虚词。例如:

(1)这件物品是很有纪念性意义的。

(2)大雨暂时是停不了了。

(3)她笑着点了点头。

但是助词中的"所"是个例外。"所"本来是个文言虚词,但在现代汉语中仍然沿用。"所"用在动词前面,与动词构成"所"字词组,修饰中心语,具有名词性,例如"他所说的话","你所在的学校"等。

5. 语气词的位置

虚词中的语气词如"吗、吧、啊、呀"等,通常用于句子末尾,表示陈述、疑问、祈使、感叹等感情色彩,有的也可以用在句中表示舒缓停顿或强调的语气。通常情况下我们仍把它看做是后置定位虚词。例如:

(1)昨天晚上我已经检查过三遍啦。(语气词"啦"表示陈述语气)

(2)今年有二十岁了吧?(语气词"吧"表示推测疑问语气)

因而,从虚词在句子中的位置来说,虚词被分为了前置定位虚词和后置定位虚词两种,具体到每一个词类,又会存在着细微的差异。这就需要同学们在使用的时候,多留心观察、总结规律,这样才不会出现插队、乱站队的现象。

四 此"词"非彼"词"——虚词的误用

某日语文课上,老师让同学们用"又……又……"和"既……又……"进行造句,同学们很快就造出了以下这些句子:

(1)我的妈妈又矮又高,又胖又瘦。
(2)九寨沟是一个又神奇又美丽的地方。

(3)听了老师的话,父亲既气又急。
(4)爷爷种的西瓜既大又圆。

他们造的句子都是正确的吗? 错了,那又错在哪里呢? 一起来看:连词短语"又……又……"和"既……又……"都可以用来表示几种情况或性质同时存在,有时可以相互通用,但之间又有区别。

1. "又……又……"所连接的内容,在性质或意义上往往是并列的,有时也可以是相对或相反的情况。例如:

(5)这样一条又瘦又病的奶牛,进了他家的牛棚,奶产量竟会月月上升。

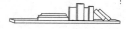

（6）这响声听起来又苦涩，又美妙。

（7）一次，他见到校工种花，便主动去帮忙，又挖坑又填土，后来一趟趟地到远处的水房抬水，累得满头大汗。

2.“既……又……”所连接的内容，在性质或意义上往往是递进的，但也可以是相对或相反的情况。例如：

（8）嘹亮的歌声既反映了士气，又激励了士气。

（9）他，就是人们既熟悉又陌生的温玉成将军。

（10）只可恨那老水牛斯文得既不能腾越，又不能奔跑，气得我一个劲地往牛屁股上抽打。

不同之处：从使用的情况可以看出连词短语“又……又……”所连接的内容在意义或性质上是并列的，如：例（5）中“瘦”和“病”意义上是并列的；而“既……又……”所连接的内容是递进的，如：例（8）中“反映了士气”和“激励了士气”，后者比前者表示的程度更近了一步。

相同之处：它们都可以连接内容上相对或相反的成分，如：例（6）中“苦涩”和“美妙”意义相反；例（7）中“挖坑”和“填土”意义相对；例（9）中“熟悉”和“陌生”意义相反；例（10）中“腾跃”和“奔跑”意义相对。

此外，例句中连词短语“又……又……”和“既……又……”所连接的内容都有一个共同的主语。如：例（5）中“瘦”和“病”指代的主语都是“奶牛”；例（9）中“熟悉”和“陌生”指代的主语都是“温玉成将军”。但也有不指向同一主语的情况。例如：

（11）商场里的衣服，款式又新，颜色又艳，再加上灵活经营，吸引了很多顾客前来购买。

（12）英美既因战债和经济霸权不能合作，欧洲又因法国及其同盟的国对意德的冲突，都无东顾的能力。

通过以上的分析和比较,我们可以看出二者使用的条件:当所连接的内容表示并列的意义时,一般用"又……又……";当所连接的内容表示递进的意义时,多用"既……又……";当表示相对或相反的意义或情况时,既可以用"又……又……",也可以用"既……又……",在这个意义上两者就存在可以相互通用的情况,如例(6)中的"又……又……"就可以用"既……又……"进行替代。

那现在大家知道同学们造的句子为什么不对了吗?

(1)我的妈妈又矮又高,又胖又瘦。
(2)九寨沟是一个又神奇又美丽的地方。
(3)听了老师的话,父亲既气又急。
(4)爷爷种的西瓜既大又圆。

上面我们说过"又……又……"和"既……又……"可以连接相对或相反的两个部分,同学们需要注意这里的相反的情况,在意义上不能是非此即彼的情况,也就是说它们之间存在着中间状态。例如(1)中,这里的"矮"和"高","胖"和"瘦"就不能使用"又……又……"和"既……又……"进行连接,从常识来判断就是一个人不可能矮的同时还会高,胖的同时就不可能瘦,而如果我们说:"又矮又胖"、"又瘦又高"则是可以成立的。例句(2)、(3)、(4)则是"又……又……"和"既……又……"的错用情况。例(2)含有递进的意思,应该用"既……又……",例(3)和(4)表示并列的情况,应该用"又……又……"。

五 掌握规律,虚词不虚

虚词种类繁多,用法灵活,掌握起来难度较大,似乎无章可循。其实只要注意认真归类总结,它还是有章可循的。正所谓虚词不"虚",掌握规律。

一、把握词性

虚词的词性不同,其语法特点和语法功能也不同,我们只有把握了词性,才能做到准确使用。例如:

人们在异国他乡为了生存而不得不放弃自己原有的文明,首先( )放弃也最难放弃的就是母语。(必须/必需)

句子中缺少状语成分,显然应当用"必须"。"必须"是副词,表示"一定要",作状语,后面常跟动词或动词性短语,句子后面的"放弃"就是动词;而"必需"多作动词使用,表示"一定要有"、"不可缺少"的意思。

二、找准位置

根据句子语法和表意的需要,虚词的位置恰当,才能使句意准确鲜明;错放位置,就会影响句意的表达甚至改变句子原意。例如:

由于技术水平太低,这些产品质量不是比沿海地区的同类产品低,就是成本比沿海的高。

在选择复句中,如果前后两个分句的主语相同,关联词语应放在主语后边;如果不同,就应放在主语之前。该例句中两个分句的主语并不相同,分别为"质量"和"成本",关联词"不是"应当放在"质量"前。

三、注意搭配

有些虚词需要与实词或者其他虚词搭配使用,搭配有一定规矩,有的已形成固定格式,不能随意更改。否则就违背了语言习惯,影响语意表达。例如:

老百姓说得好，（　　）常年无灾情，不可一日不防备。（宁可/宁愿）

此句中需要填入表示选择关系的连词，作为表示取舍关系的关联词"宁可"和"宁愿"的搭配一般是"宁可……不可"或"宁愿……不愿"。后面的分句用的是"不可"，从关联词搭配的习惯来看，这里应当选择"宁可"。

四、理清关系

词语之间，短语之间和句子之间，常常依靠虚词来表明和强化它们之间的关系。这就要求我们在使用虚词的时候必须辨明它们之间的关系，恰当地运用虚词。例如：

贪图小利的人往往只看到自己的小圈子，打自己的小算盘，进而忽视了集体和国家的利益。

例句中的"进而"是连词，用于连接分句，用来表示后面的一个分句往往是在前一分句行动基础上采取的进一步的行动。句子中，后一分句"忽视了集体和国家的利益"只是前一分句的结果，而不是进一步采取的行动，所以"进而"的使用就显得不恰当，前后分句之间关系没有理清，所以应该用连词"从而"表示引导的结果。

五、防止脱漏

该用虚词而没用、忘了用，就会直接导致句子成分残缺或理解上的歧义，不信你来看，一条短信惹的祸：

某日，领导到高校例行工作检查，回来后给下属发来短信："我对你反映食堂问题感到痛心！"

巧学妙用汉语虚词

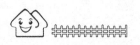
下属收到这条短信后那是茶饭不思,夜不能寐,也没明白领导何出此言。后来才知道,其实领导想说的意思是:

"我对你反映的食堂问题感到痛心!"

一条短信,因为一"的"字之差,意义就天壤之别。以后同学们若做了领导,可千万别拿"的"这样的错误来惩罚下属啊!

六、避免滥用、误用

1.避免滥用

虚词的功能是帮助表意,不能随便省略,所以虚词的使用应切合语境的需求。如果滥用,不仅会造成语意的啰嗦,甚至会破坏句子的结构,影响意思的表达。例如:

(1)问题的严重性还在于对种种不爱惜人民币的错误做法,以及随意将人民币放大后销售的违法行为,尚未引起社会的广泛关注。

这句话的主语是"严重性",谓语是"在于","在于"的后边都是宾语。再分析宾语,它的主语是"对……行为",这是个介宾短语,但介宾短语是不能做主语的,"对"的介入淹没了宾语的主语,造成了句子结构上的混乱,去掉"对"反而句意明晰。

(2)有一些电视剧本不能采用的原因,是因为它们格调太低,只能迎合少数人的口味。

这里属于对关联词语的滥用,句子中没有表达出因果的关系,因而应去掉"因为"。

2.避免误用

虚词的误用主要包括关联词语的误用和介词的误用。关联词语的

误用是因为不明辨分句之间的逻辑关系而导致的,介词的误用则主要是分辨不清词语之间的差异性。例如:

(3)贪图小利的人往往只看到自己的小圈子,打自己的小算盘,进而忽视了集体和国家的利益。

语句中就是误把因果关系理解为递进关系,因而应把"进而"改为"因而"。

(4)造纸厂的废水直接排放到淮河,使淮河水变得又臭又黑,许多水生物、植物大量减少和灭绝。

连词"和"表示的是并列关系,而例句中的"减少"和"灭绝"的现象是不能同时存在的,所以应把"和"改为表示选择关系的"或"。

六 揣摩差异,虚词有别

有些虚词在读音或字形或意思上相近,很容易混淆。为此,要准确运用虚词,就必须仔细揣摩它们的异同点,正确选择。

请同学们来看下面的"征友启事"。

动物园里举办征友比赛,小牛不甘于落后特拟了一张"征友启事",内容如下:

诚寻觅一好友,一起吃草,一起玩耍,一起晒太阳,一起学耕田。

可是好多天过去了,小牛一个朋友也没找到,于是苦恼的小牛向老牛求助。老牛看了小牛的"征友启事"后,把它改成了:

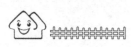

诚寻觅一好友，一起吃草，或者一起玩耍，或者一起晒太阳，或者一起学耕田。

这张"征友启事"贴出去不久，小牛很快找到了很多朋友。

两张"征友启事"的差别在哪里？相信你一定看出来了。那就是"一起……，一起……，一起……，一起……"和"或者……，或者……，或者……"的区别，为什么一词之差，会导致迥然不同的结果呢？

首先，"一起"是"一齐、一同"的意思，"一起……，一起……，一起……"在连接的内容上表示的就是并列的关系；而"或者"表示"或许、也许"的意思，"或者……，或者……，或者……"在连接的内容上表示的是一种选择的关系。其次，第一张"征友启事"，小牛光想着自己的需要了，对朋友的要求太高了，所以才会找不到朋友；而第二张中，把"一起"换成了"或者"，这样只要做到一点就可以成为好朋友了，因此小牛才找到了很多朋友。因而，有的时候用词略微不同，往往结果就大不相同。同时，两张不同的"征友启事"也告诉我们，无论做什么事情，不能只想着自己，也要考虑到别人的感受，所以平时说话一定要注意用词的恰当与否。

本章节中我们从虚词的兼类、虚词的性质及虚词应用的规律几个方面，浅谈了一些关于虚词学习中需要注意的问题。通过这些简单的例子讲解，希望能给同学们学习虚词带来实质性的帮助。

第三章

细数幕后英雄

一 红花还要绿叶扶——副词

副词其实是一种半虚半实的词,说它"虚"呢,是因为它与名词、动词等其他实词相比,没有实在的意义,只有语法意义;说它"实"呢,是因为它与助词、介词等其他虚词相比,又有固定的语法功能,即作状语,另外还有个别的副词可以单独使用,比如"也许"、"不"等。但是由于区别"虚"、"实"的主要标准是有没有实在的具体的意义,所以,才将副词归为虚词。副词的肩膀上只有一种责任,就是作状语,用来修饰后面的动词或者形容词。换种说法,只要能作状语的虚词就是副词。例如:

都:全班同学都会游泳。
非常:她非常漂亮。
又:他又来了。
刚刚:会议刚刚结束。

副词虽然只是起修饰的作用,但在语言的表达中,却是非常重要的,副词不仅使语言变得生动、活泼,还能帮助我们表达感情,甚至帮助我们正确地表达意思。下面先来看几组例句：

(1) A. 很不习惯。 B. 不很习惯
(2) A. 我四点钟才起来。 B. 我四点钟就起来了
(3) A. 算我白说，行不行？ B. 算我说，行不行？

(1)组中用了同样的副词，但是副词的位置不同，因此它们表达的感情程度不一样。"很不习惯"是"非常不习惯"的意思，表示的程度更深，语气上更重一些，语言更强烈、直接；"不很习惯"表示的程度要浅一些，语气较为委婉。(2)组中都是说一个事实情况，即"我四点钟起来"，但由于两句用了不同的副词，所以在感情上也有所区别。"我四点钟才起来"是说"我起得比较迟，到四点才起来"，而"四点钟就起来了"是说"我起得很早，四点就起来了"。可以看出来，虽然是同一件事实，但是"才"表示的意思是嫌时间迟了，而"就"则是认为时间太早了。(3)组中，一个用了副词，一个没用副词。可以明显地看出，如果不用副词，那么这句话就是不通的，也可以说是错误的，现实中，没有哪个人会这样说话。

通过这几组例子，是不是觉得副词很神奇，而且很重要呢？其实副词在虚词中，数量是最多的，势力也是最大的。为了对副词有个清楚的了解，我们按照意义把副词分成以下几个类别：范围副词、程度副词、时间副词和否定副词。通过前面的内容，我们对副词已经有了一个大概的了解，现在我们就一起去进入副词的世界，去深入了解各个队伍的成员吧。

一、范围副词

(一)范围副词的分类

前面我们把副词分成了四大类，现在首先来认识范围副词。范围副词，顾名思义，是表示范围的，其中既可以包括全体也可以仅指其中的个

体,还可以指其中的一部分。

1. 表示统括性的

所谓表示统括性,是指副词所概括的对象是全体,包括所有成员,没有例外。主要有:都、全、尽、净、统、通、共、凡、皆、俱、全都、全然、统统、通通、统共、总共、举凡、但凡、凡是、是凡、一律、一概、一例、一共、一总等。例如:

(1)啊,这呀,二人都不错。

(2)我们哥哥姐姐全是工人。

(3)房东把我的行李通通卖给了收废品的。

(4)但凡读过基本法的人都知道基本法关于这个问题作了哪些规定。

2. 表示唯一性的

唯一性就是指所概括的对象是整个范围中某个特定的个体,主要有:仅、光、只、单、唯、惟、偏、独、单单、仅仅、独独、偏偏、唯独等。例如:

(1)我们所要的仅仅是这种感觉,这种淡淡的带着一股忧伤气息的温情。

(2)普通梅花的花蒂都为绛紫色,唯独绿萼花蒂是纯绿色,梗为青色。

3. 表示限定性的

表示限定性的副词,既不是指全部的对象,也不是指某一个个体,而是指其中的一部分,主要有:大都、大体、大凡、多半等。例如:

(1)现在我国云母矿山大都处于高原山区。

(2)到诊所整形的顾客多半是要求整眼睛的。

(3)大凡成功者,都敢于开拓创新。

这三类范围副词的区别就在于所概括对象的范围,下面再举几组例句,希望可以通过例句加深对这三类词的理解,体会出它们的差别。

(1)我周末都不在家。/我仅仅周末不在家。/周末我大都不在家。
(2)凡是老歌,我都会唱。/我只会唱老歌。/多半老歌,我都会唱。
(3)这几种水果都被她吃了。/这几种水果她只吃了一种。/这几种水果多半被她吃了。

(二)范围副词修饰名词

前面我们说过,副词只有一个语法功能,就是作状语,即修饰动词或形容词,例如:

(1)你说的道理,我都懂。
(2)这里的花真漂亮。
(3)你就知道玩,也不学习。

这好像没有什么特殊的,但是有一部分副词却搞特殊,除了修饰动词、形容词之外还要修饰名词,范围副词中就有很多这种"异类"。

(1)大凡集邮者,都有强烈的邮品占有欲。
(2)就他没及格。

有的人可能会问了:在这些特殊的用法里,这些词还算是副词吗?答案是肯定的,我们不能因为这些词修饰名词性成分就否定它是副词,更何况在这类句子里,副词后面都能加上"是",例如上面两个例句:

(1)大凡(是)集邮者,都有强烈的邮品占有欲。
(2)就(是)他没及格。

再如:

(1)光(是)吃饭就花了很多钱。
(2)他只(是)懂英语。

所以,我们可以把这类副词直接在名词前头出现的句子看成是省略了"是"的紧缩形式。

(三)范围副词指前与指后

虽然副词都是修饰后面的成分,但它在意义上所指的对象却不一定在后面。有的范围副词所指的对象是它后面的词语。例如:

(1)光我们班就有好几个留学的。
(2)他只会说方言。
(3)就你不听话。

这几例中,"光"指的是"我们班","就"是指"你",例(2)中的"只"指的是"方言",而不是"他",这些范围副词都是指向它们后面的词语。

还有的范围副词可以指它前面的对象。例如:

(1)全班同学都会画画。
(2)他把这些人全得罪了。
(3)小张同意,小李也同意。

"都"指的是"全班同学","全"指的是"这些人","也"指的是"小张"和"小李"。其中,"都"、"全"是总的概括,而"也"是分别举出的,但

是它们所修饰的对象都在前面。

这类范围副词,如果前面有不止一个可以包括的对象,那么就会产生歧义了,例如:

他们对这几张试卷都进行了详细的检查。

这里,"都"既可以指前面的"他们",也可以指"这几张试卷",这里就有歧义了,到底是"他们都进行了检查"还是"这几张试卷都进行了检查"呢?

二、程度副词

(一)程度副词的分类

程度副词是我们比较熟悉的一类,我们知道程度副词主要包括:很、挺、更、太、最、真、非常、比较、十分、特别、稍微等。它们表示的程度也有高有低,比如:最＞特别＞非常＞挺＞稍微。例如:他特别刻苦＞他非常刻苦＞他挺刻苦。

除了表示程度的差别之外,有的程度副词含有相互比较的意思,如"更"、"比较"、"最"等;有的程度副词则不含有比较的意思,试比较:

(1)A.她比较聪明。　　　　　　B.她很聪明。
(2)A.(与足球相比,)他更喜欢篮球。　B.他非常喜欢打篮球。

(二)程度副词之间的差别

除了表示程度的不同以外,表示相同或类似程度的副词之间的用法也不尽相同,程度副词在使用中并不是随心所欲的,它的使用会受到一些限制。下面举一些例子:

1.“比”字句

有的程度副词含有比较的意思,在这些词里,有的可以用在比字句

中,有的却不可以。例如:

(1)A.你比他稍微高一点。　　　　B.你比他比较高一点。
(2)A.我要比以前更努力。　　　　B.我要比以前最努力。

(1)句中,"稍微"和"比较"表示的程度都比较浅,(2)句中"更"、"最"表示的程度要深一点,但是"稍微"和"更"就可以用在"比"字句中,而"比较"和"最"却不能用在这种句子里。

2.音节数

在汉语用词造句中,常常讲究节奏感,所以会注意音节问题,这一点在程度副词里表现也很明显,例如:

(1)　　过　　　　　　　　过于
　　要求过严　　　　　　要求过于严
　　要求过严格　　　　　要求过于严格
　　情绪过激　　　　　　情绪过于激
　　情绪过激动　　　　　情绪过于激动
　　任务过难　　　　　　任务过于难
　　任务过困难　　　　　任务过于困难

"过"和"过于"意思相同,但是用法却不相同,"过"只能修饰单音节的词,而"过于"只能修饰双音节的词。

(2)**大力**:大力帮助　　　　大力帮
　　万分:万分感谢　　　　万分谢
　　极其:极其愤怒　　　　极其怒

这些程度副词只能修饰双音节的成分,不能修饰单音节。与其相类

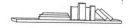

似的还有"为"字构成的双音节副词,如"极为"、"甚为"、"最为"、"大为"、"颇为"等。

3.肯定与否定

(1)绝:绝好的机会   绝不好的机会

   万分:万分高兴   万分不高兴

这些程度副词只能用于肯定,还有"分外"等。而与"万分"的意义相近的"十分"、"非常"等不但可以用在肯定句里(十分高兴、非常高兴),也可以用在否定句里(十分不高兴、非常不高兴)。

(2)太

肯定	否定
表示赞叹:太棒了	太不棒了 太不精彩了
表示过分:太低了	太不懂事了 太不成熟了

程度副词"太"在表示赞叹时,只能用于肯定,而表示过分的意思时,既能用于肯定也能用于否定。

(三)"最"

"最"除了修饰形容词(最讨厌、最听话),还可以修饰方位词,例如:最前面、最南边、最外面等。

三、时间副词

(一)时间副词与时间名词的区别

由于汉语的历史悠久,大多虚词都是实词慢慢虚化变来的,而一些时间名词经常充当状语,占据了位置,所以逐渐定型,做了专职,不再担任其他的"兼职",其他句法功能逐步丧失,就成了时间副词。而语言在不断发展,这种语法虚化过程会一直进行,所以时间名词和时间副词之

间永远会有各种纠葛难辨的现象。虽然时间副词和时间名词都是表示时间的,可是它们却大不相同:

1. 做主语

时间名词可以做主语,而时间副词却不能,例如:

(1)现在是北京时间十一点整。
(2)今天很冷。
(3)以前来过。

(4)正在是北京时间十一点整。
(5)马上很冷。
(6)时常来。

"现在"、"今天"、"以前"都是做主语,但是"正在"、"马上"、"时常"都不能做主语,其中"马上很冷"、"时常来"虽然可以说得通,是个正确的句子,但是"马上"、"时常"是做状语,而不是做主语。

2. 做定语

时间名词可以做定语,例如:

(1)现在的事情。
(2)目前的任务。

而时间副词不能做定语,只能做状语,一般也不带"地",例如:

(1)正在的事情。
(2)马上的任务。
(3)立即行动。
(4)刚刚睡醒。

前两句话是错误的,如果生活中有谁这样说话,那么我们肯定以为他不是中国人。而后两句,是副词修饰动词,作状语。

3.作中心语

时间名词一般都可以做中心语,例如:

(1)一个不平凡的秋天。

(2)国庆节的晚上。

(3)出发的时间。

而时间副词通常不能接受其他词语的修饰。试比较:

(1)难忘的至今。

(2)非常的时时。

(3)一个难忘的刚刚。

以上三句话的用法都是错误的。

4.其他

时间名词和时间副词还有一些差别,如:时间名词能同介词组成介宾短语:例:从过去、到将来、在早晨;时间副词不能同介词组合,比如:从曾经、到刚刚。这里就不一一举例了。

(二)常用的时间副词

常用的时间副词包括:常常、又、再、总、老、还、才、就、忽然、刚刚等等。有很多时间副词意义相近,但是用法却不相同。

1.又、再、还

"又"和"再"都表示一件事(动作、行为、状态)重复发生,"又"表示已经发生的事,"再"表示还未发生的事;所以"又"后头的动词可以带后缀"了","再"后头的动词不能带后缀"了"。例如:

（1）A. 他昨天又来了。　　　　　B. 他说他明天再来。
（2）A. 刚才又唱了一遍。　　　　B. 待会儿再唱一遍。
（3）A. 他这次又考了第一。　　　B. 下次再考个第一。

"还"也表示重复，并且也可以表示还没发生的事，例如：

（1）他明天还来。
（2）下次还考第一。

但"还"含有继续如此的意思，"再"没有这个意思，所以有的句子里的"还"不能用"再"替换。例如：我叫他别唱了，他还唱。

2. 重（重新）、再

这两个词也是表示未发生的事情的重复，不过用这两个词的时候，暗示原先的一次不能算数。试比较：

（1）这次写的不好，你重（重新）写一遍。
（2）这次写的很好，你再写一遍。

3. 总、老

"总"表示一向如此、一直如此。"老"也有这个意思，所以它们有时可以互换，如：

（1）他开会的时候总（老）不说话。
（2）他总（老）喜欢躺着看书。

但"老"有时表示多次、一再如此的意思，而"总"没有这个意思，因此在有些句子里"老"不能换成"总"，例如：

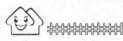

（1）我们开会时，他老打岔。

（2）你老眨巴眼睛干吗？

4.才

在讲范围副词中的"就"时，我们顺带地说到了"才"，现在我们专门来谈谈这个词。"才"有时表示时间早，有时表示时间晚，这跟句子里时间词语与"才"字的相对位置有关系。"才"字放在时间词语之前表示时间早，而放在时间词语之后则表示时间晚。除此之外，"才"还有引申的意义，不仅表示时间，还可以表示数量等。例如：

（1）A.才五点钟天就亮了。（亮得早）　B.五点钟天才亮。（亮得晚）

（2）A.才十块钱就买两个菜了。（买得多）　B.十块钱才买两个菜。（买得少）

（1）是表示时间的早晚，（2）是引申表示数量的多少。另外，"才"还能引申表示因果关系等，例如：

(1)他是因为努力才获得成功的。(表示因果)
(2)只有你努力了,才能获得成功。(表示条件)

四、否定副词

在这里只介绍两个否定副词"不"和"没"。因为"不"是最典型的否定副词,而"没"是一身兼两任的词。

1. 不

"不"加在表示动作的词或词组前边,往往是对某种意愿的否定(不愿意、不肯、不想),有时表示没有某种习惯或癖好,还可以表示假设,例如:

(1)我不跟他一块儿去。
(2)我不喝水。
(3)我不吃辣的。
(4)不看见不死心。(表假设)

"不"有时可以单用,不作状语。例如:

(1)"快吃饭吧!"——"不!"
(2)"进来坐坐吧!"——"不了,不了。"

2. 没/没有

"没(没有)"有两种词性,一是否定副词,另一种是动词。看下面几个例子:

(1)A.我还没(没有)吃饭呢。　　　　B.我有吃饭了。
(2)A.他没(没有)去。　　　　　　　B.他有去了。
(3)A.屋里没(没有)人。　　　　　　B.屋里有人。

(4) A. 我没(没有)钱。　　　　B. 我有钱。

(1)和(2)句的肯定形式应该是"我吃饭了"和"他去了",而不能用"有"来肯定,所以"没(没有)"不是对"有"的否定,而是对"我吃饭"、"他去"的否定,"没有"是副词做状语来修饰后面的动词。而(3)和(4)句的肯定形式必须要用"有",因此,"没有"是对"有"的否定,"没有"是动词。从这几个例子也可以看出,如果后面修饰的是名词,那么"没(没有)"就是动词,如果后面修饰的是动词,那么"没(没有)"就是否定副词。

五、副词的特殊用法

随着社会的快速发展,特别是网络的发展,出现了很多新兴的词语,比如一个男人如果像女人的话,我们就会说他"很娘"。用副词来修饰一个名词,虽然这样的语法结构是不合理的,但由于流传较广,一旦被人们所接受,就在日常生活中固定下来,成了我们所说的"超常搭配"。

由于这类词大都是网络语言,所以一般比较口语化,例如:

(1)你表现得很男人。
(2)她很女人。
(3)你长得很中国。
(4)他的长相很西藏。
(5)她是瓜子脸,长相相当狐狸。

可以看出,这些句子都是程度副词后面直接跟名词。而这些名词都具有一个公认的形象,比如,男人应该是什么样子,西藏应该什么样子,我们在头脑中有一个这种固定的形象,有明显的特征,名词在这里表示的是一种状态,而不是名词本身。当别人说"相当狐狸",我们马上就会想到"狐狸"给我们的形象,比如"妖艳"、"狐媚"等,而不会认为说她长得像"狐狸"这个动物。所以,虽然是形容名词,但是指的却是名词所代表的状态。

二 各显其能的三胞胎——助词

助词通常是附着在其他词语(词组)或是句子上,以突出句子的结构或者某种功能的词。助词与其他虚词一样,没有实在的意义,不能单独使用,是虚词中独立性最差的词类。虚词中归不进介词、连词、语气词的就归进助词,助词是虚词的"弃儿"。因此,助词这个词类里面的相同点最少。

前人的研究中,一直把语气词作为助词中的一种,但随着研究的深入,现在已经把语气词作为单独的一种词类划分出来。因此助词可以分成两类:一是时态助词;二是结构助词。

一、时态助词

现代汉语的时态动词有三个,分别是:着、了、过,它们大都附着在动词后面,有时也附着在形容词的后面,所以也叫动词后缀。

我们知道英语有时态变化的标志,比如现在进行时用 – ing,那么在汉语中有没有与之相对应表示时态的标志呢? 有人将"着、了、过"看作是汉语表示时态的标志,"着"表示进行,"了"表示完成,"过"表示过去。也有人不同意这种看法,认为不能将这三个助词看作是时态的标志。对中学生而言,这三个词是否是时态的标志并不是最重要的,最重要的是这三个词到底是如何使用的,它们的语境是怎样的。

(一)着

"着"是表示动作行为或状态的一种持续,"着"的用法有下面三种:

1.表示动作的持续

(1)她不停地说着话。

（2）小帆船在水面上漂着。

（3）夏天有空调吹着冷风，真舒服。

例子中的"着"表示一种动作的持续，说明前面动词所代表的动作在持续着。

2. 表示状态的持续

（1）老汉在墙角蹲着抽烟。

（2）墙上到处都贴着明星的照片。

（3）城堡里的公主像婴儿般安静地睡着。

例子中的"着"表示一种状态的持续，"蹲着"并不是说"蹲"这个动作一直在进行。"蹲"这个动作是瞬间完成的，因此，不可能一直持续。"蹲着"是完成"蹲"这个动作后所保持的状态，是这种状态的持续。例（2）和例（3）也是一样，都表示前面动作完成后所保持的一种状态。

仔细观察一下前两种用法，比较"着"前面的动词，我们发现，"着"前面的动词的特点有所不同。表示动作的持续时，"着"前面的动词是可以持续的，如上面例子中的"说、飘、吹"，这些动作可以持续维持一段时间。而表示状态的持续时，前面的动词都是瞬间能完成的，这些动作不能持续一段时间，因此，无法表示动作的持续，而只能表示动作完成后的一种状态。

3. 表示方式

（1）主持人拿着话筒走上来。

（2）他捂着肚子向厕所奔去。

(3)虽然经历了人生的坎坷,但她仍然笑着面对生活。

例(1)中的"拿着话筒"表示一种方式,表示伴随着"走上来"的方式。这一类句子中的"着",都用来表示后面动作的方式方法。在这种用法中,任何动词都可以在"着"前面,无论动词是否能表示持续的动作,都可以用来表示方式。

形容词后面跟"着"的情况比较少,如果"着"的前面是形容词的话,那么后面一定会有数量词充当宾语,例如:

(1)他比我大着几岁。
(2)慢着点跑。

(二)了
助词"了"在动词或形容词后面表示动作或变化的完成。例如:

(1)他吃了一个面包。
(2)我等这部电影的上映都等了一年了。
(3)作业写好了。

这三个例子中,"了"都表示已经完成的事情,但与英语中表示完成的情况不同。汉语中"了"表示完成,除了像上面这三个例子表示发生在过去的事情以外,还可以表示尚未发生的事情,例如:

(1)等开学了再买新书包。
(2)作业写好了再看电视。(现在不许看)
(3)失去了理智就什么都不清楚了。

例(1)和例(2)表示将来,例(3)是表示假设。它们都不是过去的事

情,这些事情都还没发生,可以看出,"了"除了可以表示过去已经发生的事情以外,还可以表示未来将要发生的事情和假设的事情。但是,无论是将来的还是假设的事情,都是表示动作的完成,比如,例(1)中虽然事情还没有发生,还没有"写好作业",但在句子中,"作业写好了"已经是一种完成的状态。因此,可以总结说,只是动作完成了,或者变化已经完成了,不管是什么时候,是过去还是未来,都可以用"了"来表示。

在上面的例子中,可以看到,"了"后面可以跟表示数量或时间的宾语。当"了"后面跟的是表示时间的宾语时,有两种情况:

1. 表示动作持续的时间

(1)我等这部电影的上映都等了一年了。
(2)他睡了一下午。
(3)我去公园坐了一会儿。

例(1)"等"这个动作持续了一年,可以说,一年都在等。例(2)和例(3)也是如此。

2. 表示动作完成后的状态持续的时间

(1)他的父亲死了三年了。
(2)房子塌了三年了。
(3)他钱包丢了一个星期了。

例(1)中,"死了三年"是"死"这一行为完成后,到现在的时间是三年。而不是说,一直在"死",也不能说"这三年都在死"。例(2)中,三年是房子从"塌"这个动作完成后,到现在的时间,例(3)也是如此。

和"着"一样,造成这种差别的原因是动词的不同,如果表示动作持续的时间,那么动词表示的动作一定是能持续的,而表示状态持续时间的动词一定没有持续性。比如,"死"就是不能持续的动词,因为"死"这一动作是瞬间完成的,没有谁会说"谁一直在死",真这样,那太吓人了!

"了"也可以跟在形容词的后面,后面一般都跟上表示数量的宾语,例如:

(1)一年不见,你漂亮了很多。
(2)这件衣服袖子长了一点。
(3)体重重了一公斤。

和"了"相对的否定形式是"没"或"没有",例如:

(1)吃了面包。——没有吃面包。
(2)作业写好了。——作业没写好。

另外,语气词"了"和助词"了"是同形同音,所以容易混淆,语气词"了"只能用在句尾,而助词"了"只能用在句中,有时助词"了"和语气词"了"连用,就可以合并成一个"了"。

(三)过

"过"是过去时,表示曾经发生某事或者曾经经历某事,例如:

(1)我去过北京。
(2)动过手术后要注意休息。
(3)我刚吃过饭。

"过"也可以跟在形容词后面,例如:

(1)我也曾年轻过。
(2)他从早忙到晚,手脚就没闲过。

巧学妙用汉语虚词

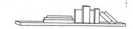

要注意的是,助词"过"和动词"过"的区别:

(1)我去过北京。
(2)过了北京就到了。

例(1)中的"过"是助词,是说去北京这件事曾经发生过;例(2)中的"过"是动词,表示位置的移动,穿越的意思。

二、结构助词

现代汉语中结构助词有三个,分别是:的、地、得。这三个词的读音相同,所以容易混淆,在下文中会有对它们的区分比较,这里,先简单介绍一下各自的功能和用法。

(一)的

助词"的"的用法包括:

1.附加在名词、人称代词、形容词、动词以及各类词组之后组成名词性结构,作用相当于名词,可以用来作主语、宾语。例如:

(1)这些零件都是金属的。
(2)我喜欢那件新的。
(3)抢劫的都是一些山贼。

这里的"的"与前面的"金属"、"新"、"抢劫"一起,充当主语或者宾语。而当"的"前后重复使用时,可表示列举。例如:

(1)他们说的说,笑的笑,可高兴了。
(2)运动场里跳绳的跳绳,跑步的跑步,打球的打球。

由于是表示列举,所以最少要出现两种列举的情况,而不能只列举一种。如:"他们说的说,可高兴了"。

"的"还有一种表示列举的用法,如:

(1)苹果、桔子的,买了一堆。

前面是并列,加上"的"表示列举。

"的"用在状态形容词后面时,表示某种状态,可以当谓语。

(1)这番话说得人心里暖暖的。
(2)她的手冰凉的。

"的"还有一种特殊的用法,与"大"一起使用,构成"大……的"句式,用来表示某种情况不合常理,例如:

(1)大冬天的,吃什么冷饮?
(2)大周末的,去办公室干什么?

这两个例子分别表示:冬天吃冷饮是不正常的;按常理,周末是不应该去办公室的。

2.用在定语后面,用来连接定语和中心语。例如:

(1)衣服的款式。
(2)冰凉的小手。
(3)演讲的技巧。

有时,带"的"和不带"的"意义有所不同,如:

巧学妙用汉语虚词

（1）霸王条款。

（2）霸王的条款。

"霸王条款"是指条款不公平,而"霸王的条款"是指条款是属于霸王的,一个是表示性质,一个是表示领属。

其实,仔细观察会发现,"的"的第一种用法与第二种用法是相互联系的,"的"字结构只是省略了后面的中心语,这些中心语要么不需说出来,要么已经在句子中的其他位置出现,而我们可以将它补齐,例如:

（1）这些零件都是金属的(材质)。

（2）我喜欢那件新的(裙子)。

（3）抢劫的(人)都是一些山贼。

3. 名词前面定语的顺序

首先是表示领属的词语后面,其次主谓词组、动词(动词性词组)和介词词组后面,最后是双音节形容词(形容词词组)后面,例如:

（1）我的一双用来跑步的非常轻便的运动鞋。

如果一个句子中,有带"的"也有不带"的"的定语,那么,带"的"的定语在不带"的"的定语之前,例如:

（1）刚买的新鞋子。

但是表示领属的词和数量词可以放在带"的"的定语前面,例如:

（1）我刚买的新鞋子。

（2）一双刚买的新鞋子。

(二)地

"地"用在状语后面,连接中心语。

1. 用在副词后面

副词作状语有时加"地",有时也可以省略。例如:

(1)他的手微微地动了一下。
(2)天渐渐地晴了。

2. 用在形容词后面作状语,例如:

(1)他潇洒地过完了一生。
(2)他可怜巴巴地眨着眼睛。
(3)你要好好地照顾自己。

3. 用在其他短语后面作状语,例如:

(1)你别急,坐下来一句一句地说清楚。
(2)有预谋有计划地进行迫害活动。

(三)得

"得"出现在动补结构的动词、形容词后面。有两种性质,一是作为动词后缀,例如:

(1)你考虑得真周详。
(2)长得漂亮的人不一定心眼好。
(3)这种事情我见得多了。

这一类的动补结构应该分析为:考虑得/真周详,长得/漂亮,见得/

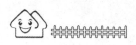

多。它们的否定形式是:考虑得不周详、长得不漂亮、见得不多。

"得"还可以作为独立的助词,例如:

(1)你听得见我说话吗?
(2)我能扛得动一袋米。
(3)这点痛还能忍得住。

在这种情况中,动补结构应该分析为:听/得/见,扛/得/动,忍/得/住。而它们的否定形式应该是:听不见、扛不动、忍不住,在否定形式中,不能带"得",如:"听得不见"、"扛得不动"、"忍得不住"都是错误的。

但是,无论是哪种性质,"得"都只能在动补结构中出现,用来连接补语和中心语,而不能出现在其他的结构中。而且,动补结构中也只能用"得",不能用"的"或者"地"。

三 一线姻缘"红娘"牵——连词

连词,顾名思义,是用来表示连接的词。它既可以连接词,也可以连接词组,还可以连接句子。例如:

(1)葡萄和番茄都是从国外引进的。
(2)吃火锅还是吃炒菜,你决定。
(3)因为几天没睡觉,所以身体有些乏力。

连词只表达着某种逻辑关系,而不担任句子中的语法成分。如,例(1)的主语是"葡萄和番茄",再往下划分结构,就是"葡萄"、"番茄"这两项是并列做主语,

"和"在这里不单独作句法成分。再如,例(3)"因为"和"所以"用来连接"几天没睡觉"和"身体有些乏力"这两个分句,所以,"因为"和"所以"一般不被看成是这两个分句中的一部分。

连词本身不能单说,也不能和被连接的其中一项单说,如例(1)中葡萄和番茄都是从国外引进的。"和"连接了"葡萄"与"番茄",缺少一项,都不能使用。连词不能被其他词语修饰,如果连词前面出现了修饰的成分,那也是修饰后面的词或句子,而不是修饰连词本身。需要注意的是,同类的连词不能在同一层次上使用,比如:天要下雨了,因此所以我们取消了爬山的计划。"因此"和"所以"是同一类表示结果的连词,不能在同一个层次上使用。现代汉语里的常用连词主要有:"虽然、但是、因为、所以、然而、即使、不但、尽管、和"等等。

一、连词的范围

(一)按位置划分

按照连词在复句中的位置分,可以将连词分为前置连词和后置连词,定位连词和不定位连词。

1.前置连词和后置连词

前置连词,是指出现在复句中前一分句的连词。主要有:"不管、要是、即使、不但、假使、虽然、如果、无论、与其、既然、尽管、倘若"等。例如:

(1)虽然已经立秋,但是天气依然很热。
(2)无论你来自什么地方,在这里,我们都是平等的。
(3)即使我不说,别人也会知道的。

前置连词有时也用在后面的分句中,例如:

(1)我要走了,如果你没有其他事情的话。

（2）我一定要完成这项工作，尽管有一定的难度。

这种情况，由于受到印欧语的影响，特别是英语的影响，我们可以将它看作是倒装句。

后置连词，指出现在复句后一分句的连词，主要有："所以、然而、可是、但是、否则、何况、况且"等。例如：

（1）今天是周末，但是我却在加班。

（2）要从小事做起，否则做不了大事。

（3）这个星期是校运动会，所以没课。

有时前置连词与后置连词一起配对使用，例如"虽然……但是……"、"不但……而且……"、"因为……所以……"、"与其……不如……"等。

（1）因为他平时乐于助人，所以大家都喜欢他。

（2）虽然没有完美的人，但是我们也要向着完美的方向去努力。

有时前置连词与副词一起配对使用，例如"无论……都"、"即使……也"、"既然……就……"、"不但……还……"等。

（1）无论以后到了哪里，我们都是龙的传人。

（2）他不但会画画，还会弹钢琴。

2. 定位连词和不定位连词

定位连词指连词在句子中的位置固定，不能移动的连词。一般情况下，所有的后置连词都是定位连词。例如：

（1）A.今天是周末，但是我却在加班。　B.今天是周末，我但是却在加班。

（2）A.说话得有礼貌，否则别人会反感的。　B.说话得有礼貌，别人否则会反感的。

（3）A.连高中生都懂，何况他是大学生。　B.连高中生都懂，他何况是大学生。

以上三个例句中，B组的用法错误。

不定位连词，是指连词在句子中可以放在主语前，也可以放在谓语前，位置不是固定的。前置连词一般都是不定位连词。例如：

（1）A.不管你来不来，都给我打一个电话。　B.你不管来不来，都给我打一个电话。

（2）A.如果你不来，那么一切都不会发生。　B.你如果不来，那么一切都不会发生。

（3）A.即使我没成功，也不会后悔。　B.我即使没成功，也不会后悔。

（二）按意义关系划分

1.联合关系

联合关系包括并列、递进、选择和取舍几小类。表示并列关系的连词主要有"一边……一边……"、"边……边……"、"既……又……"、"一方面……一方面……"等。例如：

（1）老师在上面一边讲解一边示范。

（2）这种梅花既名贵又极具观赏价值。

（3）灾区群众一方面承受着亲人离去的痛苦，一方面要面对重建家园的困难。

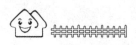

表示递进关系的常用连词主要有"不仅（不但、不光）……而且（反而、还、就）……"等。例如：

（1）这个人不但无礼而且粗俗。

（2）他不仅不帮我，还在旁边说风凉话。

（3）不光是队友说他厉害，就连对手也夸奖他。

表示选择关系的常用连词有"要么……要么……"、"是……还是……"、"或者……或者……"、"不是……就是……"等。例如：

（1）要么接受现实，要么去改变这个现实。

（2）你是去图书馆还是去教室？

（3）他去体育馆不是打乒乓球就是游泳，从来不做其他运动。

表示取舍关系的常用连词有"宁可（宁愿）……也不（也要）……"、"与其……不如……"等。例如：

（1）与其整天怨天尤人，不如打起精神努力奋斗。

（2）战士们宁可自己饿肚子，也不吃老百姓的粮食。

（3）他们宁愿千辛万苦，也要把温暖送进千家万户。

2. 偏正关系

偏正关系包括因果、假设、转折、让步、条件、目的几种。表示因果关系的常用连词有"因为……所以……"、"之所以……是因为……"、"既然……那么……"等。例如：

（1）中国人民之所以会胜利，是因为拥有广泛的支持和正确的领导。

(2)因为这次的台风预警很及时,所以没有遭受重大灾难。

(3)既然你能知错就改,那么我就原谅你了。

表示假设关系的连词有"如果……那么……"、"要是……就……"、"要不是……也不会……"等。例如:

(1)如果每个人都奉献自己的爱心,那么社会就会很温暖。

(2)要是年轻人多回家陪陪父母,这些老人心理就会更安慰。

(3)要不是当初听了你的话,我现在也不会取得如此成就。

表示转折关系的连词有"虽然……但是……"、"然而"、"但是"等。例如:

(1)虽然房子很小,但是一家人在一起却很温馨。

(2)汽车给人们带来了便捷,然而,却使环境受到一定的污染。

(3)成绩好固然值得表扬,但是,品德好更值得称颂。

表示让步关系的连词有"即使……也……"、"哪怕……都……"等。例如:

(1)即使遇到困难,我们也不能轻言放弃。

(2)哪怕只有一个学生,作为老师都应该认真上课。

(3)即便你不来找我,我也不会怪你。

表示条件关系的常用连词有"只要……就……"、"只有……才……"、"无论……都……"等。例如:

(1)只要功夫深,铁杵磨成针。

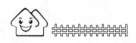

（2）只有本人才能领取准考证。

（3）无论采取什么方法，都要保障公民的安全。

表示目的关系的常用连词有"为了……就得……"、"以免"、"为的是"、"省得"等。例如：

（1）为了拥有更多优秀的设计师，就得保证他们的展示机会。

（2）这几天超市肉禽类产品都贴了检疫证明，为的是让消费者放心。

（3）拿着手电筒，省得走路看不见。

连词基本上都是在复句中来表示意义关系，而且连词不但可以在前后分句中连用，还可以单独使用，例如：表达因果关系的"因为……所以……"，我们既可以这样连用，也可以根据具体的情况，单独使用"因为"或者只使用"所以"。为了避免重复，在上面的举例中，就没有把它们都一一写出来。

连词还可以根据不同标准分成其他类别，根据连词连接功能的差异，将连词分为组合连词和关联连词。组合连词主要连接词和短语，它的位置必须处于被连接的词（或短语）之间，如："或、而、和"等；关联连词主要连接分句和句子，它的位置一般处于被连接的分句（句子）的前面，如："是……还是……"、"或者……或者……"等。根据连词使用时是单独使用还是配合使用，可以将连词分为单用连词和合用连词，合用连词还可以再继续划分。单用连词如：和、与、而等，合用连词如："一方面……一方面……"、"与其……不如……"等。连词其他的一些分类在此就不一一介绍。

二、连词的功用

（一）在单句中的功用

1.和、同、与、跟

这几个词往往连接名词性成分,一般在下列情况下才连接动词性成分:

第一,动词性成分作主语、宾语和定语,表示指称或修饰的意思。例如:

(1)自信和骄傲是两回事。
(2)我喜欢打球跟唱歌。
(3)怜悯与嘲讽的眼光坚定了她的决心。

第二,动词性成分用"和"连接并充当谓语时,前后必须有其他成分,不能是单独的动词。例如:

(1)建立和扩大革命根据地。
(2)国家正在完善和改进一些制度。
(3)她是那么的正直和善良。

2.而

"而"主要连接动词性成分,可以表示联合、偏正关系。例如:

(1)为中华之崛起而读书。
(2)淡而无味。
(3)任重而道远。

(二)在复句中的作用

1.帮助表达语义,使意义更明确。例如:写诗、画画。

(1)写诗和画画。

（2）写诗或者画画。

（3）与其写诗不如画画。

　　例（1）中两者是并列关系,地位平等;例（2）要求二者选其一;例（3）否定写诗,而肯定了画画。因此,不同的连词可以表达不同的语义。

　　2.在同一种语义类型中,可以根据连词看出其中的细微差异。例如:他会写诗、画画。

　　（1）他既会写诗,还会画画。

　　（2）他既会画画,还会写诗。

　　这两句都表示并列关系,但例（1）强调的是会画画,而例（2）强调的则是会写诗。

056

四　说曹操,曹操到——介词

　　介词是用来表示动作、对象的引介关系的词。与连词一样,介词也是起着"媒人"的作用,通过"牵线"把后面的对象拉到我们面前。在现代汉语中,介词的主要作用就是表示某种特定的语法意义,虽然不登台充当句子成分,但是它们就好比演出中的编剧、美工、乐师、化妆师等,其作用不可低估。事实上,有相当一部分介词是从实词经过长期的虚化而变来的。有成语说:"说到曹操,曹操就到。"成语中的第一个"到"用作介词,第二个"到"就用作动词。

　　介词大概有两种:一种是语义已经"虚化",是单纯的介词,例如"把、被、从、自、沿、于、当、

由、对于、关于"等;另一种是动词和介词的兼类,语义上很难分清。下面我们从范围和分类以及语法特点等方面对介词进行详细说明。

一、介词的范围和分类

常见的介词有:"把、被、关于、对、在、跟、到、比、给、让、以、从"等,为了更清晰地了解介词,我们把它们分成小类来学习。对介词的分类可以按照音节数来分,分成单音节和双音节的,比如:"对"和"对于";可以按照是否具有其他词类的性质,分为纯粹的介词和兼类介词,比如,"把"是纯粹的介词,"到"除了作介词之外还可以作动词。为了更有利于读者的学习,本书主要从两个方面来进行分类:一种是按照介词所牵引的对象来分,另外一种是从组成介词结构的功能来分。

(一)按引出对象来分

从意义上来说,介词的作用是引出与前面动作相关的对象以及处所、时间等,所以从这一方面来说,可以把介词分为:

1.引出施事

施事就是动作的主动者,指句子中的动作是由谁发出的。而介词所引出的就是这个动作的"主人",引出施事的介词有:被、叫、让、由、给等,例如:

(1)我被他吵醒了。
(2)鱼让猫吃了。
(3)今天由我值日。

例(1)中,句子的动作是"吵",那是谁在吵呢,这个"吵"的人——"他"就是动作的主动者,由"被"字引出来。例(2)和例(3)也是一样,"吃",是"猫"吃的,"猫"是"吃"这个动作的发出者,"值日"的人是"我","我"是"值日"这个动作的发出者。在句子中,通过介词"让"和"由"来引出动作的主动发出者。

"被"和"给"有时候后面不带宾语,这是由于动作的发出者不必说出来或是不知道。例如:

(1)他被炒鱿鱼了。
(2)身上全给淋湿了。

"被"、"叫"、"让"还可以和"给"字配合起来使用,例如:

(1)鱼被猫给吃了。
(2)鱼叫猫给吃了。
(3)鱼让猫给吃了。

2. 引出受事

有动作的主动发出者,就有动作的接受者,也就是动作要处置、改变的对象,即受事。引出受事的介词主要是"把"。例如:

(1)我们把作业做完吧。
(2)小猫把鱼吃了。
(3)他把我吵醒了。

例(1)中,动作是"做作业"中的"做",那么这个动作的发出者是"我","我做什么?"做"作业",那么"作业"就是动作处置的对象。例(2)和例(3)是由上面例句变过来的,"小猫"吃的对象是"鱼","他"吵的对象是"我",对象由介词"把"引出来。

在"把"字组成的句子中,动词要有一定的限制,不能单独使用。上面三个例子中,例(1)动词后面跟着补语,例(2)和例(3)的动词后面跟着后缀"了"。再如:

（1）A. 把字练练。　　　　　　B. 把字练。

（2）A. 把腿一伸。　　　　　　B. 把腿伸。

（3）A. 把宠物当家人看。　　　B. 把宠物看。

（4）A. 把他免了职。　　　　　B. 把他免。

在上面的例子中 B 组错误，A 组中，例（1）中的动词是重叠的，例（2）的动词前加了修饰语，例（3）动词前加了介词结构，例（4）中动词后面跟了宾语。因此，在"把"字组成的句子里，后面的动词不能是单纯的（无论是单音节还是双音节），必须是在前后还有一些其他成分，或者是动词进行重叠。

3. 引出与事

与事既不是动作的发出者，也不是动作的接受者，而是这两个对象之外的第三方，即事件的参与者。用来引出与事的介词主要有：跟、给、对、为、比、对于、关于等。例如：

（1）他跟你说了很多笑话。

（2）给他打针。

（3）对于这件事，我无能为力。

例（1）中，"他"是施事，是"说"这个动作的主动发出者，"笑话"是受事，是"说"的内容和处置的对象，是被"说"的对象，而这里还有一个第三方的人物"你"，既没有"说"，也没有被"说"，所以是事件的参与者。例（2）和例（3）中，"他"和"这件事"都是参与对象，分别由介词"给"、"对于"引出。

"给"有两种用法，前面说了一种，引出动作的主动者。除此之外，"给"还有一种用法，就是这里所说的引出受益或受损的事来。例如：

（1）你给我出来

(2)王老师常给我们开小灶。

(3)你给我滚!

(4)电影票他给我弄丢了。

前面我们说引出施事的"给"后面的宾语可以省略,其实,引出与事的"给",后面的宾语也可以省略(除了感情强烈的祈使句),例如:

(1)电影票他给(我)弄丢了。

(2)你给(他)喂下饭。

"跟"既是介词,也可以是连词。例如:

(1)我跟你都是学语言的。

(2)我跟你说件事。

例(1)中的"跟"是连词,例(2)中的"跟"是介词。我们可以从以下几个方面来进行区分:

首先,连词"跟"的前后内容可以互换位置,意思基本不变,介词"跟"前后互换后,意思发生变化。如例(1)前后互换位置后是"你跟我都是学语言的",与互换前的意思差别不大;例(2)互换位置后是"你跟我说件事",这跟"我跟你说件事"是两回事。

其次,介词"跟"前面可以加入修饰的成分。如"我(也、再、常)跟你说件事",但不能在连词"跟"的前面插入修饰成分,如"我(也、再、常)跟你都是学语言的"就不正确。

4.引出工具

引出工具的介词主要是:用、以,例如:

(1)我用水果刀削苹果皮。
(2)用心生活。
(3)我以名誉作为担保。

介词"用"、"以"引出工具"水果刀"、"心"、"名誉"。需要说明的是,工具是指广义上的工具,包括实体的和非实体的。

5.引出处所或时间

用来引出地点和时间的介词有:到、在、从、于、向等。例如:

(1)你到哪儿去?
(2)面向大海,春暖花开。
(3)从今天开始进入高温期。

例(1)和例(2)是由介词"到"、"向"引出地点,例(3)是由介词"从"引出时间。

"在"引出地点有两种情况:

(1)A.在黑板上写字。　　　　B.字写在黑板上。
(2)A.在饭店住。　　　　　　B.住在饭店。
(3)A.在沙发上坐着。　　　　B.坐在沙发上。
(4)A.在飞机上看云。　　　　B.看云在飞机上。
(5)A.在饭店吃饭。　　　　　B.饭吃在饭店。
(6)A.在房里哭着。　　　　　B.哭在房里。

以上(1)、(2)、(3)三个例句里,A组中的句子都能变换成B组的说法,而(4)、(5)、(6)三个句子里,A组却不能变换成B组的说法。

(二)按介词组成的介词短语划分

由于介词不能单独使用,不能单独做句子的成分,或是单独成为一个句子,所以可以说介词是通过介词短语来体现它的价值。那对介词短语来研究,可以按照介词短语充当的成分,把它们分为:

1. 充当状语

介词与后面的宾语组成介词短语,在句子中作状语。例如:

(1)在黑板上写字

(2)从现在做起

(3)由他去闹

2. 充当定语

(1)对你的意见

(2)关于作弊的事情

(3)跟媒体的宣传

3. 充当补语

(1)走向未来

(2)躺在床上

(3)学习的进步有赖于平时的积累

4. 用在句首

(1)对你的表现,我非常满意。

(2)按照这个速度,工程很快就能竣工。

(3)在我面前,你最好老实点。

二、介词的语法特点

从上面的内容中,大家大概了解了介词的范围及使用情况,对介词的语法特点也有一个大致的印象,现在我们再把它的特点梳理一下:

(1)介词不能单独使用。由于介词起的是牵引作用,因此,介词后面必须要有牵引的对象,而它本身不能单独出现在句子中,不能作句子成分,更不能单独成为一个句子。介词必须附着在后面的宾语之前,组成介词结构才能使用。

(2)不能连用。在同一层结构中,介词不能连用。"在对你的问题上"这句中,"在"和"对"是在两个不同的结构中,因此不算是连用。

三、介词与其他词类的牵连

(一)介词和动词

由于介词是由动词演变过来的,因此有的介词还保留着一些动词的功能,有的介词还兼属于动词,如:在、到、给、比等。特别是介词和动词都能带宾语,所以区分它们就更加困难了。这里有两种方法可以帮助我们辨别:

1. 能否单独作谓语

动词可以单独作谓语,但是介词不能单独使用,必须附着在宾语前才可以。例如:

(1)A. 我在家。   B. 我在黑板上写字。
(2)A. 我吃饭,你给钱。   B. 你给我听好了。
(3)A. 我们比乒乓球。   B. 我比你高。

A 组里的词"在"、"给"、"比"都是作谓语,因此是动词,而 B 组里的词都和后面的宾语组成介宾短语作状语,因此是介词。

2. 能否重叠或带"着、了、过"

动词可以重叠或带"着、了、过",介词不能连用,所以更不能重叠。

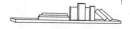

另外,介词后面也不能带"着、了、过"。例如:

(1) A. 我吃了饭,你给了钱。   B. 你给了我听好了。

(2) A. 你们比比乒乓球。   B. 我比比你高。

(3) A. 灯光别对着我。   B. 你对着我很好。

以上例句中,B 组用法错误。

3. 能否带补语

动词后面可以带补语,形成动补结构,但介词不能。例如:

(1) A. 你给一下钱。   B. 你给一下我听好了。

(2) A. 我们比一次乒乓球。   B. 我比一次你高。

(3) A. 我们也跟一下风,去学围棋。 B. 你跟一次我说话。

例句中 B 组用法明显错误。

4. 宾语能否变动

动词后面的宾语可以删除、移动或置换,但介词不可以。例如:

(1) A. 钱,你给。   B. 我,你给听好了。

(2) A. 你给的钱(不够吃饭)。   B. 你给我(听好了)。

(3) A. 我们比比(乒乓球)。   B. 我比(你)高。

例句中 B 组的句子说不通。

介词与动词的区分主要是这几方面,但是在动词向介词慢慢转化的过程中,有一些用法难以判定它的词类,必须要结合具体的语境才能准确判断,所以在区别介词与动词时,一定要结合具体的句子进行分析。

(二)介词与连词

"和、跟"既是介词也是连词,作连词时,表示前后为并列关系;作介

词时,引出后面与事者。例如:

(1)我和弟弟在看电视。
(2)我和弟弟说话很放松。
(3)我跟你都是志愿者。
(4)我跟你借点钱。

例(1)中的"和"是连词,例(2)中的"和"是介词,它们有什么不同呢?

1.连词前后可以互换位置。连词前后的成分地位是平等的,所以可以调换位置,并且位置调换后,意思基本不变,例如:

(1)A. 弟弟和我在看电视。　　　B. 弟弟和我说话很放松。
(2)A. 你跟我都是志愿者。　　　B. 你跟我借点钱。

A组变换后的意思基本没有变化,因此,"和"、"跟"是连词。而B组变换后,说话人变成了"弟弟",借钱的人变成了"你",意义相反,因此,B组中的"和"、"跟"是介词。

2.连词的谓语可以插入修饰的词语。如果句子的谓语里面有"都、全"等词语,那么前面的词就是连词,例如:

(1)A. 我和弟弟一起在看电视。　B. 我和弟弟一起说话很放松。
(2)A. 我跟你都是志愿者。　　　B. 我跟你都借点钱。

A组中是连词,谓语中可以加入副词作状语,B组加入副词之后意义发生变化,失去了原有的意思,因此,句子不成立。

3.介词前面可以加状语。如果是介词,那么在介词前可以插入副词,连词则不可以。例如:

（1）A. 我每次和弟弟在看电视。　　B. 我每次和弟弟说话都很放松。

（2）A. 我再跟你是都志愿者。　　　B. 我再跟你借点钱。

A 组在连词前面加上副词之后，句子不能成立；B 组在介词前面加上状语，句子依然很通顺。

4. 连词前面一项不能省略。由于连词是表示并列关系，所以并列的成分不能省略，而介词则可以。例如：

（1）A. 和弟弟都看电视。　　　　B. 跟弟弟说话很放松

（2）A. 跟你是志愿者。　　　　　B. 跟你借点钱。

A 组中连词的前一项省略，没有与后面"弟弟"、"你"相并列的内容，因此是错误的；B 组省略了前面的一项后，还是正确的。

五　先声夺人——叹词

叹词是用来表示感叹、呼唤、应答的词，因此又称为感叹词，可以表示惊讶、赞美、叹息、埋怨等感情。常见的叹词有"啊、唉、哎哟、哈哈"等。

一、叹词的特殊性

为什么说叹词是特殊的一类词？首先，从语义方面来说，它没有任何概念，只表达感情意义。例如：

（1）啊，真美啊！

（2）哎哟，你怎么来了？

（3）唉，这次考试又没考好。

例句中的叹词没有谁能说出它表示一个什么概念，只能从这些叹词中看出它所表达的感情。

其次，从功能方面来看，叹词是独立使用的，它或者单独成句，或者做句子的独立成分。其他的虚词，如副词、介词等都不能单独使用，而叹词只能单独使用。例如上面的例句，叹词都是独立于句子之外的，做句子的独立成分。再如："你快洗洗睡觉吧！"——"嗯。"在这里，叹词就独立成句。

再次，从语音方面来看，有的叹词语音我们无法拼出。比如"啧"这个音就不是通过肺部气流发出，虽然我们给它标了音，但是真实的音却无法确切标注。叹词的声调还与表达的意义有关，一般情况下，读第二声表示疑问，读第四声表示答应、赞成，如"嗯"。

二、几个主要叹词的用法

（一）啊

"啊"是最常见的叹词之一，它的语音和表达的意义也最多。我们来看一下它的四个声调"ā"、"á"、"ǎ"、"à"。

1.ā，表示出乎意料而发出的惊叹。例如：

（1）啊，你这样就算了？

（2）啊，电视没关。

（3）啊，还有件事要问你。

这类的"啊"一般读音都很快带过，有时甚至听不清。

ā还可以表示肯定的语气，例如：

巧学妙用汉语虚词

(1)听说张教授今天回国了？——啊，你刚知道啊？

(2)我们班被评为先进班级啦！——啊，我们班样样都是最好的。

(3)下面我来说几句，这次的任务能够获得成功，啊，这是大家共同努力的成果。

2.á,表示惊讶,惊讶的程度要比 ā 大。例如：

(1)啊，原来你说的人是他？

(2)这个暑假我给你报了个辅导班。——啊，我还准备出去玩呢。

(3)不好意思，这本书已经卖完了。——啊！

用在问句中,可以表示征求别人的回答,如例(1),再如,"星期三就要交暑假作业。——啊？ 这么快？ 我还有一章没写完,怎么办？"

3.ǎ,表示惊讶的程度最大,而且有一种警醒的意思。当 ǎ 用在问句中时,表现了说话人特别不愿意的感情。例如：

(1)啊，是这样子的哦。我知道了。

(2)这次的晚会，你就别参加了。——啊？ 为什么？

(3)啊，一个感冒要一千块钱啊？

4.à,痛苦时会发出的声音,忽然想起某事时也可以用,最常见的是在书面语中表示感叹,也可以表示知道了、了解了的意思。例如：

(1)啊，你干吗踩我！

(2)啊，我想起来了，这题应该用这个公式。

(3)啊，多么美丽的秋天！

(4)啊，原来你一直在旁边偷听啊，我还以为你不知道呢。

5.á—à,前面说了,á表示惊讶,原先不知道,à表示明了、了解。那么声音从á滑到à时,就是表示一个由不知道到知道的过程,例如:

(1)啊,是你在背后帮我的啊!
(2)啊,我懂了,这招叫先发制人。

(二)唉

1.ái,表示应答和提起对方注意。例如:

(1)唉,我叫你呢,怎么不回答?
(2)唉,问你件事!
(3)这题是这样写的吗?——我看看,唉,对,是这样。

2.ài,表示悲伤、感慨和惋惜、无奈。例如:

(1)唉,真是天妒英才啊!
(2)唉,我知道这回真的完了。
(3)唉,老婆子,你怎么这么糊涂啊!

(三)哦

1.ó,表示知道了,用来应答。例如:

(1)哦,我下班过去。
(2)哦,笔在桌子上,自己去拿。
(3)请到前面收银台付钱。——哦,好的。

2.ó,表示疑问,带有一种求证的意思。例如:

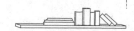

(1)哦,刚才那人还在,怎么一转身就不见了?

(2)哦,你是病人家属?

(3)请你吃饭。——哦?那我很荣幸喽?

3.ò,有一种原来如此的意思。例如:

(1)哦,你开小差被抓了。

(2)今天老师表扬他了。——哦,怪不得刚才看他挺高兴的。

(3)哦,你就是他们口中的"帅哥"。

4.ǒ,可表达的意义较多,领会、醒悟、应答、悲伤和高兴也都可以用ǒ来表示。例如:

(1)快回来吃饭啦!——哦,马上就来啦!

(2)哦,我想起来了,我们见过面。

(3)哦,天啊,怎么会发生这种事!

(4)哦,天啊,我竟然中奖了!

(四)哎哟

1.表示惊讶。例如:

(1)哎哟,都八点啦,我要迟到了。

(2)哎哟,我出门忘了带钱了,回头给你送来吧。

(3)哎哟,李先生,很久没见您啦!

2.表示痛苦

(1)哎哟,我的胃疼死了。

（2）哎哟，我的脚被夹住了。

（3）哎哟，头晕，头晕。

3. 表示无法达到或无法接受，或者表示嫌弃。例如：

（1）哎哟，我哪会跳什么舞啊！

（2）哎哟，拿这个去，人家会相信我吗？

（3）哎哟，瞧你这穷模乱样的，比我家猪圈还差。

由上面所举的一些例子，我们可以看出，一个叹词往往有很多意义，而我们要知道叹词在某句话（某个特定环境）中的意思，就必须联系它的前后句，根据它所在的语言环境来判断它所表达的感情。

三、叹词与拟声词的关系

拟声词是模拟声音的词，叹词是人所发出表示某种感情的声音，因此，一些叹词也兼有拟声词的功能。例如：

（1）A. 啊，我忘记带钱包了。　　B. 这个哑巴急得"啊啊"地比划着。

（2）A. 哎哟，原来你在这啊。　　B. 他痛得哎哟哎哟地乱叫。

（3）A. 喂，你讲讲理行不行。　　B. 电话里传来"喂喂"的声音。

我们把人们想要表达兴奋、感叹、惊讶等感情而发出的声音称为叹词。如果这个声音还可以用拟声词来模拟，那么它也可以作拟声词。因此，上面例句中加点的词语就属于叹词与拟声词的兼类。

虽然这些叹词与拟声词字形相同，但它们的区别却很大。叹词只能单独出现，不属于句子里的成分，独立于句子之外，用来表达感情；而拟声词却不独立于句子，一般做状语、定语或谓语。

六　如闻其声、如临其境——拟声词

拟声词也叫象声词、状声词、摹声词,从这些名字中,我们就可以知道拟声词的含义,是指模拟事物或动作声音的词。合理地使用拟声词可以使语言更加活泼、生动,使表达更加形象,例如:

(1)他的心在"噗噗"直跳。

(2)只听"咣当"一声,门被踹开了。

(3)在这里就能听到工厂"轰隆隆"的声响。

例句都用了拟声词来描述声音,让我们有一种身临其境的感觉。如果没有这些拟声词,那么语言会失去了形象感,比如例(1)不用拟声词的话,可以说"他的心直跳",感觉就干巴巴的,一点也不生动。

拟声词本身没有任何的实在意义,它只是一种用来表示声音的符号。例如:"咚咚",这个词只表示一种类似"dong dong"的声音,而我们把这个声音用汉字表达出来就成了拟声词。从这个方面来说,拟声词没有实在的意义,应该属于虚词。但是拟声词在句子中却可以充当独立成分,并且可以作定语、状语等,所以又像是具备实词的功能,因此,对拟声词的分类,一直以来都有所争议。有的学者认为拟声词既不属于实词,也不属于虚词,将其作为单独的一类。本书将拟声词写入,使大家可以对拟声词多一些了解,在以后的进一步学习中,能够有一定的知识基础。

一、拟声词的分类

拟声词可以根据模拟声音的对象不同分成:模拟人的声音、模拟动物的声音、模拟事物的声音。也可以根据音节的数量来划分,分为单音节、双音节和三音节等,在多音节(音节数大于等于二)里,还可以继续划分。

（一）按声音的对象划分

1.模拟人的声音

声音发出的主体是人,如哭声、笑声以及身体部位发出的声音。例如:

(1)鬼子气得"哇哇"乱叫,胡乱放了阵枪,悻悻离去。

(2)小王"咯咯"地笑了。

(3)只听见他的肚子"咕噜咕噜"地响,旁边的人都笑了。

这里需要注意的是,模拟人的声音不仅包括嘴巴发出的声音,还可以包括其他部位发出的声音,如例(3)的"咕噜咕噜"是肚子发出的声音,再如:"一想到那孩子,菲利普心里不由得'咯噔'了一下"等。

2.模拟动物的声音

有一个现象不知道大家有没有注意到,小孩在学话时,可能还不会叫"爸爸"、"妈妈",但是你问小狗怎么叫的呀,他就会"汪汪汪"地学。小孩学习语言会通过模仿来获得,而拟声词作为模拟声音的词,就更容易先学会。模拟动物声音的拟声词有:形容猫叫的"喵喵"、小狗"汪汪"、母鸡下蛋时"咯嗒"、青蛙"呱呱"、小鸡"唧唧"等。例如:

(1)"唰拉"一声,树上飞走了一只鸟。

(2)喜鹊在树上"喳喳"地叫着。

(3)远处传来"嗒嗒"的马蹄声。

3.模拟事物的声音

模拟事物声音的拟声词有很多,例如:"嘭嘭"的敲门声、"轰隆隆"

的雷声、"咔嚓"的断裂声、"叮当"的碰响声、"咚咚"的走路声、"呼呼"的风声等等,下面就简单举几个例子:

(1)太白山在"噼噼啪啪"的爆竹声中迎来了又一个春天。

(2)会计部那边传来滴滴答答的算盘声和细碎的讲话声。

(3)"铃铃铃",上课的铃声响了。

(二)按音节数来划分

1.单音节

单音节的拟声词主要有:唰、哗、轰、嘭、砰、嘘、啾、飕、当、叮等。例如:

(1)他"唰"地甩掉衣服,身子一跃,扎进水中。

(2)不等他说完,我"啪"地一声挂上了电话,好解气呀。

(3)"呼",听到自己的分数,他总算松了口气。

2.AA型

AA型指双音节中两个音节相同,是同一个音节的重复,如:哗哗、汪汪、咚咚、呼呼、嘘嘘、呜呜、嗡嗡、咩咩、啪啪、沙沙、嘻嘻、哈哈等。例如:

(1)一群群小鸭、大鸭"呱呱"地跑进了水库,顿时平静的水库充满了生机。

(2)垃圾堆散发着阵阵恶臭,招来了一群群嗡嗡直叫的苍蝇。

(3)他能够惟妙惟肖地模仿狮子的叫声,并能像蛇一样发出嘶嘶的声音。

3.AB型

AB 型指由两个不同的音节组成。如:乒乓、扑哧、扑通、咔嚓、滴答、叮咚、叮当、布谷、知了、呼噜等。例如:

(1)她被我盯得不好意思,扑哧一声笑了起来。
(2)一声"喵呜"令校长一惊,不知道从哪儿跳出来一只猫。
(3)忽然,病房门"吱呀"一响——是曲大夫,她像往日一样,准时出现在病人面前。

4. AAA 型

AAA 型是指三个相同的音节,如:嗡嗡嗡、呱呱呱、达达达、轰轰轰、咚咚咚等。例如:

(1)正谈着,茶几上的电话"嘟嘟嘟"地响了。
(2)周围十几个村子的锣鼓声"咚咚咚"、"当当当",响成了一片。
(3)随着"轰轰轰"三声巨响,夜空中随即闪出五彩缤纷的图案。

5. AAB 型

AAB 型的拟声词很少,三个音节的拟声词主要是前一个音节的重复,或者是后一个音节重复。前一个音节重复的词并不多,如:叮叮当、咚咚锵等。例如:

(1)远处传来了"咚咚呛"的锣鼓声。
(2)"叮叮当"、"叮叮当",铃儿响叮当。

6. ABB 型

ABB 型的拟声词有扑通通、哗啦啦、淅沥沥等。例如:

(1)伴随一串串震耳的鞭炮声,几十辆推土机、大铲车"轰隆隆"开

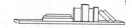

进来。

（2）一阵战鼓响，楚军像大水冲堤坝那样，"哗啦啦"地直冲过来。

（3）微风"唑溜溜"过去，唯见长裙袅娜。

7. AAAA 型

这个类型的拟声词是由一个音节重复而成，如：当当当当、哗哗哗哗等。例如：

（1）"达达达达"，对岸的重机关枪又响了。

（2）你知道炸弹在你近处落下的时候所发出的那种和空气摩擦的"哗哗哗哗"的声音吗？

（3）他"呼呼呼呼"地直喘粗气，要求我解雇他。

8. AABB 型

AABB 型有两种情况，"滴滴答答"、"乒乒乓乓"等是由 AB 型重复而成，而"叽叽喳喳"、"叽叽呱呱"等是由两个 AA 型构成。例如：

（1）大门旁的时钟"滴滴答答"地响着。

（2）野鸡"咕咕嘎嘎"地叫，时而出现在崖顶上，时而又钻进了草丛。

（3）他"嘟嘟囔囔"地说着，我"哼哼唧唧"地应着。

9. ABAB 型

ABAB 型由 AB 型重复而成，如：哗啦哗啦、咕咚咕咚、呼噜呼噜、轰隆轰隆、扑通扑通、咕噜咕噜、叮咚叮咚等。例如：

（1）风刮着白果树哗啦哗啦地响。

（2）多么苦的药他都能"咕嘟咕嘟"地吞下去。

（3）她吓得心脏"扑通扑通"直跳。

10. ABCD 型

这类型的拟声词主要有噼里啪啦、叽里呱啦、丁零当啷、稀里哗啦等。例如：

(1)几个日本兵喝了几盅酒,更加兴奋起来,都"呜哩哇啦"唱起歌来。

(2)铃铛的声音越来越清楚,伴随着丁零当啷的撞击声和急促的马蹄声。

(3)天下起雨了,雨点噼里啪啦地敲着窗户。

拟声词的类型并不限于以上几种,如"哗啦啦啦",也是拟声词。由于拟声词是模拟声音的,所以具有较大的随意性,同一种声音可以有不同的表达,同一个词也可以形容不同的声音。

二、拟声词的语法特点

上面把拟声词的分类进行了说明,让我们认识了拟声词的部分家庭成员,现在我们对拟声词的特点再进行一下了解。

(一)拟声词大多可以作定语

拟声词作定语分为两种,一种是带"的",一种不带"的",但是拟声词带"的"作定语比不带"的"作定语要自由。作定语时,主要是修饰"声音、声响、一声"或"……声"等,例如：

(1)"啪"的一声,手里的东西掉到了地上。

(2)我听到流水"哗哗"的声音。

(3)"轰"一声响,人们都惊住了。

(二)拟声词大多可以作状语

拟声词作状语时带"地"的居多,不带"地"的少一些。例如：

（1）突然门把手"喀哒"转动了一下。

（2）他"嘿嘿"地笑了。

（3）北风"呼呼"地吹着。

　　无论是作定语还是作状语，都是用来修饰后面的词语，拟声词在这些地方总是作为引用成分出现在话语中，都可以带上引号，表示是引用成分。这一点，与其他的修饰词类（如形容词、副词）不同。

（三）拟声词可以独立成句或作独立成分

例如：

（1）"啪"，门外一声枪响。

（2）乌鸦从头上飞过，呱，呱，呱……

（3）咣咚，咣咚，火车缓缓驶过。

（四）临时用作动词

　　模拟人或动物嘴里发出的声音的拟声词大多可以临时用作动词。

例如：

（1）牛棚里，老母牛"哞"了一声。

（2）牛牧师想了想，没法儿回答，只好"咔咔"了两声。

　　特别是与叹词同源的拟声词由于都是模拟人口中发出的声音，几乎都能临时用作动词，例如：

（1）于观看着他"哎"了一声。

（2）她"啧啧"了两声，也叹起气来。

（五）拟声词作谓语

拟声词是否能作谓语,至今还存在争论,比如:"小雨淅淅沥沥的"这句中,"淅淅沥沥"的句子成分如何划分? 这里,我们先将争论搁置,将这种情况介绍一下。例如:

(1)窗外滴滴答答,雨还没有停。
(2)他们俩叽叽咕咕,不知在说些什么。
(3)山上云雾缭绕,常年积雪,泉水叮咚;山下山花烂漫,色彩绚丽。

拟声词的用法大致就是以上几种。对拟声词还有需要注意的就是它和叹词之间的关系问题。叹词可以转换成拟声词,这是一个普遍的现象,而不是个别的情况。例如:

(1)A.唉,明天又要加班了。　　B."唉",只听他长叹一声。
(2)A.哎哟,我崴到脚了。　　　B.他"哎哟"一叫,说脚崴到了。
(3)A.哦,我知道了。　　　　　B.他"哦"了一声,表示知道了。

七　众"声"来和,非同一般——语气词

语气词,顾名思义,就是表示语气的词,用在句子末尾或句子中间停顿的地方表示某种语气。常见的语气词有:的、了、啊、呢、吗等。以前人

巧学妙用汉语虚词

们把语气词看作是助词的一种,称为语气助词,但是由于它具有自己的特点,所以现在通常将语气词单独归为一类,与助词相分离。语气词只能后置,它的后面肯定是标点符号。例如:

(1)西双版纳真美啊!
(2)人家说衣服别改了,快拿去换吧。
(3)你喜欢玩电脑吗?

例(2)中的"了",用在前一个分句的末尾表示一种祈使的语气。

语气词和连词一样,在句子中没有语法功能,不能做主语、谓语、宾语、定语、状语、补语,它只表达一种语气和情感。在平时说话中,任何一句话都带有一定的语气,没有语气就不能够称为句子。在现代汉语中,可以表达语气的方法有好几种,如借助语调、语气词、语气副词、叹词,但最直接的就是借助语气词来表达。例如:

(1)A.计算机编程很难的。　　　B.计算机编程很难吗?

(2)A.你还小呢。　　　　　　　B.你还小吧?

除此之外,同一句话加上不同的语气词之后,意义也会有一些细微的变化。例如:

(1)A.他是医生吗?　　B.他是医生吧?　　C.他是医生呀?

(2)A.你快来吧!　　　B.你快来呀!　　　C.你快来啊!

例(1)中的语气词都是表示疑问,但有一些细微的差别,其中A表示怀疑,B有猜测的意思,C有惊讶的意思。例(2)中的语气词都是表示催促的意思,但A比较委婉,B有提醒的意义,C有种急切的情绪。

从上面可以看出,语气词虽然不能担任句法成分,但是却是句子中不可省略的东西。对语气词可以从以下几个方面来研究。

一、语气词的分类

根据不同的研究目的和需要,可以把语气词分成不同的类别:

(一)基本语气词和合成语气词

基本语气词包括:啊、吧、了、呢、吗等。但有时两个语气词连用,如果后一个语气词是元音开头的,那么两个语气词就连读成一个音节,这时,两个语气词就合成了一个语气词,最常见的如"啦",就是"了"和"啊"的合音。例如:

(1)吃饭啦!（啦 = 了 + 啊）
(2)吃饭喽!（喽 = 了 + 呕）
(3)吃饭呗!（呗 = 吧 + 欸）

(二)句末语气词和句中语气词

有些语气词只能用在句子末尾,如"吗",但大多语气词除了可以用在句尾外,还可以用在句中。例如:

(1)你吃了吗?
(2)我啊,早就吃过了。

一句话中,有停顿的地方就可以有语气词出现。语气词用在句子中间停顿的地方主要有两个作用:一是作为停顿的标记,表示这个地方语气要停顿一下;二是表示这个地方需要表达某种语气。主要有三种情况:

1."啊"和"了"用在并列成分的后面,表示列举的意思。例如:

(1)不愿离去的台湾民众和他们一起继续唱啊、跳啊。

（2）什么太太啦,小姐啦,都是远道而来的。

2."嘿"、"吧"、"呢"等用在停顿处表示着重,引起听话人的注意。例如:

（1）他啊,就靠一些小聪明来吸引别人的注意。
（2）价钱嘿,好商量。
（3）他吧,什么都好,就是爱挑理儿。

例（1）和例（3）用了语气词"啊"和"吧",以此强调说话内容,引起听话人的注意。例（2）中用"嘿",有"至于"的意思。

3."啊"、"呢"可以用在表示假设的分句之后。例如:

（1）如果真发生这种情况呢,那就没办法了。
（2）早知道你变卦啊,我就不帮你了。

需要强调的是,无论是在句中哪个位置,语气词都是后置的,后面都只能是标点符号,而不能紧跟其他成分。

（三）根据功能进行划分

根据语气词表达的功能不同,还可以把语气词分为:表示时态的语气词、表示祈使或疑问的语气词和表示说话人态度感情的语气词。下面详细地介绍一下:

1.表示时态。主要是"了"和"呢"。例如:

（1）门开了。
（2）门开着呢。

例（1）用"了",表示门之前是关着的,现在开了,是新情况的出现;

例(2)则表示门一直是开着的状态,没有发生改变,表示一种持续。由于"呢"表示持续,所以一般会跟动词后缀"着"连用。例如:

(1)纸上写着字呢。
(2)眼睛还闭着呢。
(3)他们正说着话呢。
(4)会议室里在开着会呢。

例(1)和例(2)表示一种静态的持续,例(3)和例(4)表示一种动态的持续。表示静态的时候,"着"不能省略。但表示动作的持续时,"着"省略后,句子仍然成立,如"他们正说话呢"、"会议室里在开会呢"。

2.表示祈使和疑问。表示疑问的语气词有"吗"、"呢"、"吧",表示祈使的语气词有"吧",例如:

(1)A.下雨了吗?　B.下雨了吧?　C.下雨了呢?
(2)A.他去哪儿了吗?　B.他去哪儿了吧?　C.他去哪儿了呢?
(3)A.你学英语还是法语吗?　B.你学英语还是法语吧?　C.你学英语还是法语呢?

例(1)是是非疑问句,例(2)是特指问句,例(3)是选择疑问句。从上面可以看出,"吗"和"吧"只能用于是非疑问句,不能用于特指疑问句和选择疑问句;"呢"既可以用于特指疑问句,也可以用于选择疑问句,但是不能用于是非疑问句。

"吧"有表示祈使的用法,例如:

(1)你看着办吧!
(2)你就说你去不去吧!

巧学妙用汉语虚词

这一类用法表示一种祈使的语气,不能与表示疑问的用法相混淆。

3.表示说话人的情感和态度。这一类的语气词有:啊、呕、欤、嚜、呢。在这一类的语气词当中,"啊"的使用频率最高,用途也比其他语气词更加广泛,陈述句、祈使句和疑问句都可以使用。例如:

(1)你别睡啊!
(2)年纪大了,可要注意身体啊!

这两个例子中,"啊"用于陈述句和祈使句,带有一种警告、提醒的语气。再看"啊"在疑问句中的使用情况。例如:

(1)下雨了啊?
(2)他去哪儿了啊?
(3)你学英语还是法语啊?

可以看出,无论是哪种疑问句都可以用"啊",其中是非句中用"啊"有一种验证、确认的意思,特指句和选择句中使用"啊",显得语气比较随便、委婉。但是值得注意的是,疑问句中的"啊"本身并不表示疑问,只是在原来的疑问句中带上某种语气,而"吗"本身就是表示疑问。

"呕"和"欤"也是表示提醒的语气,例如:

(1)上课喽(了呕)!
(2)今天星期一欤,还不起床。

"呢"有表示夸张的语气,例如:

(1)他除了会英语之外,还会法语和日语呢。
(2)他穷得很呢。

4.语气词的顺序

有时一句话中,有不止一个语气词,即有两个或多个语气词,那么哪个在前哪个在后,顺序是怎么排的呢?

上面我们把语气词分成了三类,这三类语气词在句子中出现的顺序是固定的,它们的排列顺序是:表时态的在前,其次是表祈使和疑问的,最后是表情感和态度的。例如:

(1)他来了吗?
(2)下雨啦!(啦 = 了 + 啊)
(3)一起去吃饭呗!(呗 = 吧 + 欸)

由于三类语气词的位置是固定的,所以不可能出现"吧呢"、"啊了"等顺序颠倒的连用情况。

对语气词还有其他的分类方法,最常见的是根据语气来划分,把语气词分为:祈使、感叹、陈述、疑问。但是一个语气词往往可以表示不同的语气,并且可以用在不同的句子里,如"啊"既可用于祈使句,也可以用于感叹、陈述句,甚至是疑问句,所以用这种方法划分语气词,不仅不能使语气词面貌更清晰,反而容易造成混乱。因此,在这里,只需要知道有这种方法就可以了。

二、语气词的功能

在上面对语气词进行分类的同时,我们已经涉及语气词的功能,这里再总结一下:

1.附着性强,用在句中或句末,表达某种语气,以此增强表达的效果。例如:

(1)西双版纳好美啊!
(2)你是来玩的吗?

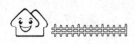

(3)回家吧!

例(1)表示一种感叹的语气,加强了"美"的效果;例(2)是是非问句,有一种推测的口气;例(3)是祈使句,用"吧"有一种劝说的意思。

2.除了用来表达语气、加强效果外,语气词还有帮助成句的作用。

(1)我已经到啦!

(2)都大学生了,素质还这么低。

这两个例子如果省略了语气词,那么句子就不能成立,这说明了语气词有帮助成句的语法功能。

第四章

文言虚词十八罗汉

一 虚而活——文言虚词的特点

文言文是中国古代的书面语言,是现代汉语的源头。现在我们一般将"古文"称为"文言文"。著名语言学家、教育家王力先生在《古代汉语》中指出:"文言是指以先秦口语为基础而形成的上古汉语书面语言以及后来历代作家仿古的作品中的语言。"文言文作为一种定型了的书面语言,沿用了两三千年,从先秦诸子、两汉辞赋、史传散文,到唐宋古文、明清八股都属于文言文的范围。

"文言文"的第一个"文",是美好的意思。"言",是写、表述、记载等的意思。"文言",即书面语言,"文言"是相对于"口头语言"而言,"口头语言"也叫"白话"。最后一个"文",是作品、文章等的意思,表示的是文种。"文言文"即指"美好的语言文章",其发展过程呈现出以下几方面特点:

一、言文分离。语言学研究认为,书面语是在口语的基础上产生和发展起来的,二者相互影响又互相促进,关系非常密切。文言是在先秦口语的基础上形成的,但随着时间的推移,文言与后世的口语逐渐拉开了距离。从汉魏到明清,由于官方的推行和科举考试的需要,读书人刻意模仿"四书、五经"的语言写诗撰文,以古雅为尚。这样,作为书面语的文言就与人们口头实际用的语言距离越来越大了,造成了言文分离的现象。

二、历久不变。一直到"五四运动"以前,文言作为占统治地位的书面语言被人们代代相传、沿用下来,其语言成分基本未变。例如先秦时期的一些基本句式、常用虚词的用法等都在历代的文言中得到了保存,就连语言三要素

中最活跃的词汇,在文言里也具有很强的稳定性:有些词的古义在口语中早已消失,可在文言文中却照旧使用。虽然后世人们在模仿中难免会掺入些许当时的口语,从而给文言带来某些细微的变化,但从总体看来,文言在词汇系统、语法系统方面还是基本保持了原先的面貌。

三、行文简练。我国古代的重要典籍大多是用文言写成的,其中许多不朽的作品历来以简约精练著称。可以说文言本身就包含着简练的因素:一是文言文中单音节词占优势,双音节词和多音节词比较少;二是文言文多省略,省去主语、宾语、谓语、介词的情况很常见。再加上历代名家多注重锤炼语言,讲求"微言大义",所以就形成了文言文严密简洁的风格。

四、古奥难懂。由于年代的久远,与口语相脱离的文言越来越艰涩难懂了。佶屈聱牙的句子,生僻古奥的词语,还有许多陌生的名目典章制度……这一切,在初学者的眼中成了捉摸不透的"迷言"。所以,给古书作注,解决难懂的问题,历来是文人学者孜孜以求的工作之一。

在春秋、战国时期,由于记载文字的物品还未被发明,记载文字用的是竹简、丝绸等物,而丝绸价格昂贵、竹简笨重且记录的字数有限,为能

在"一卷"竹简上记下更多事情，就需将不重要的字删掉。后来当"纸"大规模使用时，统治阶级的来往"公文"使用习惯已经定型，会用"文言文"已经演变成读书识字的象征。正是因为有了文言文的出现，我们几千年的中华文化才得以传承至今。

到了西汉，封建统治者独尊儒术，记载那些经典的文言文也就成了不可更改的万古楷模。逐渐的，文言文同日常口语的距离越来越远，成为只有读书人才能看得懂的文体。例如，想问某人是否吃饭了，用口头语言表述是"吃饭了吗?"而用文言文表述却是"饭否?"这里，"饭"名词作动词用，意思为吃饭。可能那时候我们的祖先就发现了口语变化太快的现象，假如孔圣人活到现在你问他诸如"给力"、"神马都是浮云"，他老人家肯定不知道是什么意思。与文言文相对的是"白化文"，"白化文"是指"使用常用的直白的口头语言写成的文章"。唐宋时期白话文书面语逐渐兴了起来。先是采用比较接近口语的"变文"、"语录"一类材料传播佛教教义，后来随着资本主义萌芽和市民阶级的兴起而出现了用当时口语来书写的明清章回小说。不过直到清代末年，白话文还只是局限在通俗文学的范围之内，未能改变文言文独尊的局面。数千年来，中国通用的书面语没有白话文的合法地位，只有与口语脱节的文言文才算正统。直到"五四"白话文运动，才宣告了文言文时代的结束、白话文时代的开始。

据古代笔记记载，"王勃死后，常于湖滨风月之下，自吟《滕王阁序》中'落霞与孤鹜齐飞，秋水共长天一色'。后有士人泊舟于此，闻之辄曰：曷不去'与'、'共'乃更佳。自尔绝响，不复吟矣"。

这则笔记有较多不同版本，其中有一个版本是：王勃写出这篇著名的骈文后，名声大噪，他本人也非常得意，经常把"落霞与孤鹜齐飞，秋水共长天一色"一句挂在嘴边。哪知天妒英才，王勃英年早逝，遗体埋葬在江边，可能是生前他对自己的作品太自负了，一到晚上他的坟墓里就会传出鬼魂吟诗的声音："落霞与孤鹜齐飞，秋水共长天一色"，吓得当地渔民都不敢去那附近打鱼。一日，一老渔民得知这个消息，很气愤。

巧学妙用汉语虚词

晚上跑到王勃坟前,大声地说:"你就别得意了,这句还是不够精练,应该是'落霞孤鹜齐飞,秋水长天一色'。"从此坟墓里再也没有传出过声音。

当然这只是一个传说。那么,到底"与"、"共"二虚字是否应该删去呢?从语法意义讲,删"与"、"共"二字后,"落霞孤鹜起飞,秋水长天一色"是不影响文意的。但从音节讲,则不应该删去。因为王勃原句之美正在于"与"、"共"两虚字旋转于句中,若删去二虚字,则会韵味尽失。因此,"与"、"共"二虚字是能删但不应删。正如清代学者刘淇在《助字辩略·自序》里所说:"构文之道,不过实字虚字两端,实字其体骨,虚字其性情也。……虚字一乖,判于燕赵……且夫一字之失,一句为之蹉跎,一句之误,通篇为之梗塞,讨论可阙如乎。"刘淇的这些话很有见地,他已认识到虚词的重要性。蹉跎者,语气凝滞也;梗塞者,语义不通也。如何在理解虚词时恰到好处,体会其神来之笔的只字传神,揣摩其所蕴含的"深情厚义",是需要读者在品读上下功夫的。

文言虚词具有虚而活的特点。所谓"虚",就是其词性和意义均不及实词那样具体、实在;所谓"活",就是用法灵活、多变。这就造成了虚词比实词更加纷繁复杂的情况。如"以"字,杨树达《词途》总结其用法和意义,竟达 22 项之多,裴学海《古书虚字集释》进而扩充到 32 项。看来似乎难以掌握了。

但是,只要我们深入分析一下,就会发现,任何一个虚词,不管它有多少种用法和意义,绝不可能是彼此孤立、互不相干的,而是有着这样或那样的联系或由一个基本意义引申而来,或由实词虚化而成,或由一字假借而用。因此,只要我们首先抓住它的基本特点,再借用一定的技巧和方法,就能够顺藤摸瓜,纷繁的意义和用法就会变得简明而有条理了。

二 人丁兴旺的家族
——十八个常用文言虚词

对于虚词的记忆有两种较好的办法,一种是"位置法",即根据虚词的位置来判别虚词的含义和用法。如常见的虚词"焉"在句子中间一般是疑问代词,在句子末尾一般是助词或兼词。另一种是"词性法",即根据虚词的词性对虚词进行归类和记忆。在这一章节中我们采用"词性法"进行分析总结,当然此处的词性仅仅是指一个文言虚词的常用词性,而不是它的唯一词性。

以常用词性为标准,可以将18个常用的文言虚词:而、何、乎、乃、其、且、若、所、为、焉、也、以、因、于、与、则、者、之分类如下:

①代词:之、何、其

②副词:乃

③连词:而、且、与、则、若

④介词:因、为、于、以

⑤助词:焉、乎、也、者、所

巧学妙用汉语虚词

一、代词篇

（一）之

初中语文教材文言文中，"之"出现频繁，用法较为复杂，有作代词用的，也有作助词、动词用的。一般而言，当"之"用在动词的后面时为代词，作它前面动词的宾语；作动词时，"之"的后面一般会跟一个地点名词；当"之"后面的一个词是名词或名词性短语时，"之"作结构助词"的"解。当"之"用在一个名词或代词（主语）和一个动词或形容词（谓语）之间时，"之"不用翻译；当"之"用于时间副词后面，起的是调节音节的作用，不用翻译。

文言小故事：

一僧欲之[1]南海，询于唐僧，久之[2]，唐僧不之[3]应。其独往，其待也与？均之[4]二策，僧以箪食瓢饮至南海，夸之[5]于唐僧："此何难之[6]有？"唐僧曰："汝之[7]百折不挠，实可钦佩。然汝之[8]言过矣，君将骄而笑之[9]乎？"

[1] 动词，到、往。
[2] 助词，调节音节，用在时间词之后，不译。
[3] 代词，可译为"他"，这里指"一僧"。
[4] 指示代词，表近指，可译为"这"。
[5] 代词，可译为"这，这件事"。
[6] 助词，宾语前置的标志，不译。
[7] 助词，用在主谓之间，取消句子独立性。
[8] 结构助词，可译为"的"。
[9] 人称代词，表第一人称，可译为"我"。

小故事白话版1：

一和尚想去南海，就去问唐僧，唐僧没有回答他。过了段时间后，这个和尚靠着简单的食物和水到了南海，然后把这件事拿来给唐僧夸耀说：这有什么难的？唐僧说：你百折不挠的精神，实在是令人钦佩呀。但是你的话言过其实，您将以此感到骄傲而取笑我吗？

小贴士：

箪食瓢饮：形容极为清贫的生活。箪（dān）：古代盛饭用的圆形竹器。出自《论语·雍也》中："一箪食，一瓢饮，在陋巷，人不堪其忧，回也不改其乐。"

（二）何

《说文解字》里训为："儋也，从人，可声。""儋"即"檐"，是屋檐的意思。"何"在文言文中主要用作代词，表示疑问语气，还可用作疑问副词和助词。

文言小故事：

"徐公何[1]能及君也？"本谬也，然其妻如此言者，何[2]也？其所据何[3]为？原其理，乃爱之深也。嗟乎，情之误，何[4]其大也！然何[5]人能忘情耶？何以[6]除此弊，望君教我以良策，何如[7]？

[1] 副词，用在动词前，表疑问，可译为："怎么。"

[2] 疑问代词，表原因，后面常带语气助词"哉""也"；相当于"为什么"、"什么"、"什么原因"。

[3] 代词，做宾语，可译为："什么。"

[4] 用在形容词前，表示程度深，相当于"多么"。

[5] 代词，做定语，相当于"什么"。

[6] 即"以何"，介宾短语，用在疑问句中作状语，相当于"拿什么"、"凭什么"。

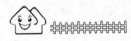

[7] 即"如何",表示疑问或反问,相当于"怎么样"、"怎么办"。

小故事白话版:

"徐公怎么能比得上您呢?"(这样说)本来是错误的,但他的妻子这样说,为什么呢?她依据什么(才这样说)呢? 推究其中的道理,(是)爱自己的老公很深啊。哎,感情造成的谬误多么大啊! 但是什么人能够忘情呢? 拿什么消除这种弊端,希望您能教给我(一个)好办法,怎么样?

小贴士:

嗟乎: 虚词连用,是一个语气词。

094

(三)其

"其"在文言文中,常用作代词,作第三人称代词时,可作领属性定语,译为"他的","它的"(包括复数);还可作主谓短语中的小主语,应译为"他"、"它"(包括复数)。用作指示代词时,表示近指或远指。用作副词时,表示加强祈使、揣测或反问等语气,亦可用作连词和助词。

文言小故事:

狐谓狼曰:"羊肉其[1]鲜乎! 君其[2]有意,叼其[3]一而啖之,得饱其[4]口福。"狼曰:"其[5]如猛犬何?"狐间于犬曰:"羊数詈言,其[6]言不堪入耳,君乃无所怒,其[7]无闻邪,其[8]畏主人邪? 及其[9]嬉逐,愿为一雪其[10]耻。君其[11]许之!"犬笑曰:"欲加之罪,其[12]无辞乎?"犬乃悟狐之野心,知路曼曼其[13]修远矣,护羊愈谨。狐与狼遂去。

[1] 副词,表揣测语气,大概、或许。

[2] 连词,表假设,如果。

[3] 指示代词,其中的。

［4］第一人称代词，自己的。

［5］副词，加强反问语气，又。

［6］第三人称代词，他的。

［7］［8］连词，连用，表选择，"是……还是……"。

［9］第三人称代词，它们。

［10］指示代词，那种。

［11］副词，加强祈使语气，表希望、要求，相当于"一定"、"还是"。

［12］副词，表反问语气，难道、怎么。

［13］音节助词，起调节音节作用，不译。

小故事白话版：

　　狐狸对狼说："羊肉一定很鲜美啊。如果你有意品尝，不如叼一只（羊）吃吃，饱饱口福。"狼说："有凶狗守护着羊群怎么办？"于是狐狸挑拨离间地对凶狗说："羊多次在背后骂你，那些话太难听了，你竟然不生气，是果真没有听到，还是怕你的主人呢？等到哪一天它们追逐嬉戏（于外）的时候，我也愿意为你一雪前耻。你一定要答应我。"凶狗笑着说："想要加害于人，还怕找不到罪名吗？"狗知道了狐狸的野心，知道其用心之远，因而守护羊群更加谨慎。狐狸和狼的奸计没有得逞，只好悻悻离去了。

二、副词篇

（一）乃

　　"乃"是中国古汉字，在《康熙字典》中有多种释义，在现在汉语词典中亦有不同的释义。在文言文中主要作副词使用，表示顺承或衔接关系，译为"才"、"这才"、"就"等，也可表示对事物范围的限制译为"只"、"仅"等；用作代词时一般用作人称代词和指示代词用；亦可以用作连词使用。

　　文言小故事：

巧学妙用汉语虚词

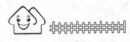

尝闻放翁志节，毕现《示儿》，乃[1]读之。至"王师北定中原日，家祭无忘告乃[2]翁"一句，大为感佩，乃[3]忠贞之士也！然亦有人不齿，乃[4]曰："此徒沽名耳。"众人质之以理，其辞穷，乃[5]不得已而谢。原其言，炒作乃尔[6]，无乃[7]自高耳。

[1] 副词，表承接，于是。
[2] 代词，用作第二人称，"你"、"你的"。
[3] 副词，表判断，相当于"为"、"是"、"就是"。
[4] 副词，表转折，相当于"竟然"、"却"。
[5] 副词，表条件，相当于"才"。
[6] 复音虚词，相当于"样子"。
[7] 复音虚词，表猜测，相当于"恐怕……吧"。

小故事白话版：

我曾经听说陆放翁的志气与节操，都体现在《示儿》中，于是阅读它。读到"当宋朝的军队收复祖国领土的那一天，在祭祀祖先的时候，千万不要忘记把这件事情告诉你的父亲我呀"这一句（的时候），（我）心中大为感动与佩服，（陆游）真的是忠贞的义士啊！但是也有人（表示）鄙视，于是说："他只是沽名钓誉罢了。"大家（听了）都来质问他原因，那人无言以对，才不得不道歉……

三、连词篇

（一）而

《说文解字》："而，颊毛也。象毛之形。""而"古同"尔"，在文言文中主要作连词使用，表示并列、相承、递进、转折、假设、因果等语义关系；也可作代词使用，表示第二人称，译为"你的"；还可用作语气助词等。

文言小故事：

兵者，诡道也，须戮力同心。蟹六跪而[1]二螯，非蛇鳝之穴无可寄托者也，而况[2]战乎？故冯婉贞曰："诸君而[3]有意，瞻予马首可也。"婉贞，而[4]翁豪杰者，然青取之于蓝而[5]青于蓝。婉贞博学而[6]日参省乎己，非特效书生终日而[7]思也。众应之。既而[8]，婉贞率诸少年结束而[9]出，果大捷。众皆叹：婉贞，小女子而已[10]；其行，乃巾帼英杰而[11]。

[1] 连词，表并列。
[2] 复音词，即"何况"，用反问语气表示更进一层的意思。
[3] 连词，表假设。
[4] 代词，通"尔"，你，你的。
[5] 连词，表转折。
[6] 连词，表递进。
[7] 连词，表修饰。
[8] 复音词，不久，一会儿。
[9] 连词，表承接。
[10] 复音词，放在句尾，表限制的语气助词，相当于"罢了"。
[11] 语气助词，表肯定语气。

小故事白话版：

大家知道小女英雄冯婉贞的故事吗？

清朝咸丰十年，英、法联军入侵中国。在离圆明园大约十里有个村庄，村里有个猎户叫冯三保，精通武术，因而大家推举他为村子的头领。他的女儿婉贞，十九岁，从小喜爱武术，学习过的没有不精通的。

一天中午，侦察消息的人报告说敌人的骑兵开来了。不久，就看见敌人骑着马向村庄奔来。冯三保率领村民装好火药、上好子弹，准备作战。不久，敌人慢慢逼近，冯三保见这阵势有机可乘，急忙挥动旗帜，说："开火！"于是所有的枪支一齐发射，敌人像落叶似的纷纷跌下马来。攻

巧学妙用汉语虚词

打了一阵,敌人退却了,冯三保非常高兴。唯独婉贞忧愁地说:"小股敌人走了,大股敌人要来的。如果他们拿大炮来攻打,我们全村不就化为粉末了吗?"冯三保吃惊地问道:"那怎么办呢?"冯婉贞说:"西洋人的长处是使用枪炮等火器,短处是不会武术。枪炮对远距离攻击有利,而武术对近身作战有利。跟敌人较量枪炮,我们难以取胜,但我们会使用武术,不如用我们的长处,去攻击敌人的短处,或许能避免这场灾祸呢?"于是她把谢庄精通武术的少年召集起来,激励他们说:"与其坐着等死,怎比得上奋起抗敌拯救我们的谢庄呢? 大家如果信得过我就听我的指挥。"顿时,群情振奋。

于是冯婉贞率领着一伙青年人,埋伏在离村大约四里的一片茂密的树林里。没过多久,敌人果然抬着大炮来了。婉贞拔刀跃起,率领大家袭击敌人。敌人没有意料到,忙用枪上的刺刀来迎战,可是到底比不上以冯婉贞为首的中国少年。冯婉贞挥舞钢刀奋力砍杀,跟她对打的没有一个不倒地的,敌人纷纷败退。众少年尽全力拦截逃敌,杂错交战,敌人的枪炮火器始终不能发射。太阳落山时,被打死打伤的敌军不下一百多个。残敌只好扔下大炮,仓皇逃命。谢庄于是得以保全。

通过她的故事我们知道了:

用兵作战,就是诡诈,就是要同心协力。螃蟹有六只脚和两只钳子,没有蛇鳝的巢穴就不可以存身,那么你凭什么取胜呢? 所以冯婉贞说:"诸位将军如果想打胜仗,若诸位有意,看我马头的指向(通俗说就是听从我来指挥)就好了。"冯氏年龄虽然小,但是青出于蓝而胜于蓝,冯氏比其父更胜一筹。冯婉贞广泛的学习并且每天反省自己,不是效仿一般的书生那样整天思考(而不学习)。多加考虑之后再去实施,所以抵抗敌军能够取得胜利。大家都感叹道:(冯氏)不

小贴士:

螯:áo 螃蟹等节肢动物变形的第一对脚,形状像钳子。

瞻予马首:看我马头(所向),意思是听我的指挥,跟着行事。

是人们所说的柔弱女子，而是巾帼英雄啊！

（二）且

"且"，尚、还的意思。文言文中，主要用作连词，表示递进、让步、并列等语义关系；还可以用作副词或是放于句首，用于发语词，与"夫"相似。

文言小故事：

"存者且[1]偷生，死者长已矣"，此岂石壕一地，中晚唐王朝尽然耳。若此，帝尚每日笙歌，且[2]委政不佞之人，则李唐且[3]亡，必矣。且夫[4]志士且如[5]河水清且[6]涟矣，于斯世则无进身之途。纵有"死且[7]不避，卮酒安足辞"之豪气，无用武之地，亦何用？

[1] 副词，暂且、姑且。
[2] 连词，表递进，而且、并且。
[3] 副词，将要。
[4] 复音词，用在句首，表示下文要进一步议论，况且，再说。
[5] 复音词，就像。
[6] 连词，表并列关系，又。
[7] 连词，表让步关系，尚且、还。

小故事白话版：

活着的人暂且偷生，死去的人已经长逝了，这并不是仅仅发生在石壕一个地区，整个唐王朝统治的地方都尽皆相同。像这种情形，皇帝还能每日声色歌舞，并且将政事委托给不当的人，那么李唐王朝的将要灭亡，是必然的。在这世上，河水

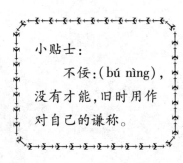

小贴士：

不佞：(bú nìng)，没有才能，旧时用作对自己的谦称。

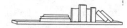

清澈而有涟漪泛起,还算过得去,朝廷中的人如果像这样,则必将危殆。纵然有"我死尚且不怕,一杯酒哪里值得推辞"的豪气,也没有用武之地,还能有什么用呢?

(三)与

《说文解字》:"与,赐予也。"一勺为与,此与"與"同。"与"在文言文中常作连词使用,表示"和,跟,同"等意思;也可用作介词或动词;用于语气助词时,一般放在句末,表疑问,通"欤"。

文言小故事:

朝过夕改,君子与^[1]之,吾亦赞同。然今人与^[2]古人孰智,庙堂与^[3]坊间之识,相去甚远。为国者,与^[4]清廉之君子,离奸佞之小人,身体力行,事乃成。今恩足以及外夷,而功不至于比百姓者,独何与^[5]?吾等与^[6]君建言,又恐君自与^[7]吾复算耳。

[1] 动词,赞许。

[2] 与"孰"组成文言固结构"与……孰……",相当于"跟……比较,哪一个……"。

[3] 连词,表并列,和,跟,同。

[4] 动词,结交,亲附。

[5] 通"欤",句末语气助词,表疑问,呢。

[6] 介词,表施动者发出动作行为所涉及的对象,相当于"为"。

[7] 介词,和,跟,同。

小故事白话版:

(古人说)早上犯的错晚上就更正了,这是君子所赞许的,我也赞同。但是今人与古人哪一个更有智慧,朝廷与民间对这个问题的认识差别很大。治理国家的人,要与清廉的君子结　交,远离奸佞小人,亲自经历,努力实行,事情才会成功。现在恩德足以惠及到其他民族,但是却没有给老百姓带来好处,这又是为什么呢?我们现在对您提出了一些意见和建议,又怕您以后会迁怒于我们啊!

(四)则

《说文解字》:"则,等画物也。从刀从贝。贝,古之物货也。""则"在文言文中常作连词使用,一般用来连接两个分句或紧缩复句,表示承接、条件、假设、并列、转折、让步等关系。也可以用作名词和副词。

文言小故事:

"此则[1]岳阳楼之大观也",道出岳阳楼之美,然岳阳楼之闻名,非徒借此也;若如此,则[2]天下如岳阳楼者多矣,何独显其名?范希文若不应邀作赋,文播寰宇,则[3]岳阳楼能名扬天下与?

当世之风,位卑则[4]足羞,官盛则[5]近谀,范氏则[6]不然,高唱"不以物喜,不以己悲"之调。友人被贬,未别离去,及至河边,则[7]已在舟中矣,足见其性情之笃。

[1] 副词,表示肯定,起强调、确认作用,可译为"就是"、"是"。

[2] 连词,表让步转折关系,用在前一分句,可译为"倒是"。

[3] 连词,表示条件、假设关系,用在后一句句首,表示叙述的事情是一种假设或推断,可译为"那么"、"那就"、"就"。

巧学妙用汉语虚词

[4][5] 连词,表并列,两个或两个以上的"则"连用,每个"则"字都用在意思相对,结构相似的一个分句中,表示各分句之间是并列关系。译为"就",或不译。

[6] 连词,表转折,可译为"却"

[7] 连词,表承接,表示两件事情在时间上、情理上的紧密联系。译为"原来是"、"原来已经"。

小故事白话版:

"这是岳阳楼的大景象啊!"说出了岳阳楼的美,美是美了,但是岳阳楼之所以闻名,不只是凭这句话啊。如果是这样,那么天下间像岳阳楼那样的地方有很多了,为什么只有这扬名天下呢?如果范仲淹没有应邀写了这篇美文,而且文章传播天下,那么岳阳楼能名扬天下吗?

当今的社会风气,地位低下就值得羞愧,官名大的就近于阿谀奉承,范仲淹则不是这样,他高唱"不以物喜,不以己悲"。朋友被贬,未说分别就离开,众人避开他还恐怕来不及,等到他得知了,赶到河边去相送,朋友已经在船中了,足见他们的感情的深厚。

(五)若

《说文解字》:"若,择菜也。从草、右。右,手也。一曰杜若,香草。"在文言文中常用作连词,表示假设或选择关系;也可用作动词表示"像,好像",或作代词表对称或近指。

文言小故事:

"若[1]为化得身千亿,散向峰头望故乡"。奇哉!若[2]人之思,若[3]天惊石破,花开铁树,非若[4]等凡人可及也,吾亦如此。恐吾辈但堪为其鱼之一鳞,若[5]龙之一爪也。

若夫[6]常人思乡,常望月怀远,登高作赋,若[7]柳子厚则不然,以超人之思,抒难抑之情,绝矣。

[1] 连词,表假设,如果。

[2] 指示代词,此,这个。

[3] 副词,表推测,好像。

[4] 第二人称代词,你。

[5] 连词,相当于"或"。

[6] 和"夫"连用,构成复音虚词。句首语气词,用在一段或一层意思开头,表示转换,有"再说"、"至于"的意思。

[7] 连词,表示另提一件事,相当于"至"、"至于"。

小故事白话版:

"假若能使我的身躯化为万缕清风,那么这万缕清风将能落在各个山峰顶上,遥望故乡"。多么奇妙啊! 这个人的思想,像石头破裂上天感动,铁树开花,不是你这样的凡人所能企及的,我也是这样(也不是我能企及的)。恐怕我们这种人只可以成为鱼的一片鳞,或者是龙的一个爪子。

至于平常人的思乡之情,遥望月亮抒发情怀,登上高山吟诗作赋。但至于柳子厚这样的人则不是这样,他用超乎寻常人的思维,抒发难以抑制的感情,至死也不改变!

四、介词篇

在现代汉语中"因为"用作连词,表示原因或理由。而在古代汉语中"因"与"为"是分开使用的,但他们不因为自己是一个独字就示弱了,他们分别可以承担起很多种功能,表示多种意思。

(一)因

在现代汉语中"因为"用作连词。表示原因或理由。而在古代汉语中"因"与"为"是分开使用的,但他们不因为自己是一个独字就示弱了,他们分别可以承担起很多种意思。

《说文解字》:"因,就也,从口大。"因的本义为"依靠""凭借",引申

103

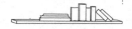

有"因袭""沿袭""原因"等义,均为实词,现代汉语仍沿用。"因"的虚词用法是从实词义引申而来的,先秦早期便已产生。可作介词和连词。介词"因"的用法从古至今一直沿用下来,变化不大;连词"因"随着汉语词汇逐渐复音化的趋势,渐渐被"因为""因而""因此"等复音词所取代,但在现代汉语书面语中仍偶或使用。

文言小故事:

因[1]能授官,不以门第取人,且不因[2]旧制,此乃曹操成大业之因[3]。其常因[4]人不备,袭取之,如乌巢焚粮。此一役,动摇袁绍军心,因[5]乘势击破之,成官渡大捷。此亦因[6]许攸之力而得。途经绍墓,因[7]守冢至前拜祭。其量岂常人可比?因[8]此其得众人之心,以一天下。因[9]其有非常之量,故能就非凡之业。

[1] 介词,根据、依靠、凭借。

[2] 动词,沿袭。

[3] 名词,原因。

[4] 介词,趁着、趁此。

[5] 副,于是,就。

[6] 介词,凭借。

[7] 介词,经由、通过。

[8] 介词,因为。

[9] 连词,连接分句,用于因果关系复句的前一个分句,表示原因,可译为"因为"。

小故事白话版:

根据才能给授官职,不以门第高贵或低贱取人,而且不遵循陈旧的规章制度,这是曹操成就大业的根本原因。他经常不遵循常理,偷袭成事,如乌巢焚粮之举。此一仗,动摇了袁绍军心,他率大军趁机击破,遂成官渡大捷。这也是依靠谋士许攸的帮助才成功的。曹操率军经过袁绍的墓,他尚能在众人面前祭奠。曹操肚量岂是平常人所能比的? 正因如此,他得到了众人的忠心。因为他有非常人的肚量,所以才能够成就非凡的伟业。

（二）为

《说文解字》:"为"的本义为"母猴"。根据甲骨文和金文的字形,"为"字从手从象,是个明显的象形字,象人牵着象,表示人牵象、役使象劳动的意思。

文言小故事:

"天行有常,不为[1]尧存,不为[2]桀亡。"此为[3]至理,当为[4]世人言之,切勿使之为[5]巫所惑。巫者,以诡为[6]业,其所为[7]皆为[8]利也。故为[9]其来也,即斥之以此理,彰其用心。为[10]天下除残去秽,乃吾辈本分,何辞为[11]?

[1][2] 为介词,表动作、行为的原因,相当于"因为"。

[3] 非虚词用法,动词,是。

[4] 介词,表示动作、行为的对象,相当于"对"。

[5] 介词,与"所"构成固定结构"为……所……",表被动,相当于"被"。

[6][7] 动词,作为、做。

[8] 介词,表动作、行为的原因,相当于"为了"。

[9] 介词,表示动作、行为的时间,相当于"当"、"等到"。

[10] 介词,表示动作、行为的替代,相当于"给"、"替"。

[11] 句末语气助词,表示疑问或反诘,相当于"呢"。

小故事白话版:

"社会发展有其自然、特定的规律,它不会因为尧的圣明而就存在,也不会因为桀而就不存在"。这是真理,应该跟世人都说说,别让他们

被巫师蛊惑了。所谓巫师,都是以行骗为职业的,他们的所作所为都是为了利益!所以等巫师来的时候,就用这个道理来斥责他们,暴露出他们的险恶用心。为天下消除残暴腐朽的东西,这乃是我们的本分,为什么要推辞呢?……

(三)于

《说文解字》:"于,於也。象气之舒。"本义为叹词,音 xū。"于"的其他虚词义是其假借用法,今音读 yú。可用作介词、连词、助词和语气词。介词"于"早在甲骨文中就已大量出现,西周以后,随着介词"於"的出现,"于"的一些用法逐渐被"於"所代替,因此"于"的连词、助词和语气词的用法只出现在先秦汉语中。

文言小故事:

"黄鸟于[1]飞,差池其羽",何其美也。然于[2]吾等,则久别矣。自十年前偶见之,于[3]今已十载,未睹其姿。今造林还草,生态渐复,黄鸟复见,其鸣之美则倍于[4]昔,吾乡之美誉于[5]四方。于是[6]吾有叹焉。然畅饮抒怀,陶然于[7]是,不亦乐乎?

[1] 助词,动词词头,不译。
[2] 介词,引进动作行为的对象,对于。
[3] 介词,引进动作行为相关的时间,到。
[4] 介词,引进比较的对象,表程度的比较,比。
[5] 介词,引进动作行为的主动者,表示被动,被。
[6] 与"是"构成复音虚词"于是",相当于"对此"。
[7] 介词,引进动作行为相关的处所,在。

小故事白话版：

诗经中说的"黄鸟于飞、差池其羽"，是多么美啊。然而对于我们来说，是长久没有看到的了。自从十年前偶尔见过一次，到如今已经十年，没有看到它们的身影。如今造林还草，生态渐渐恢复，黄鸟又可以见到了，它的鸣叫比以前美一倍。我们家乡的美已经闻名于四方。世界上的人都想在我们这里养老，在这时候我们感叹，并畅饮几杯酒来抒发情怀，陶醉在这里，不是很好吗？

（四）以

"以"：《康熙字典》解释："养里切，怡上声。为也。《论语》视其所以。又因也。"原表名词"原因"。

文言小故事：

"秉烛夜游，良有以[1]也"。若以[2]己美于潘安，则出无伤；否则，以[3]吾之容现于当衢，则恐惊人。故自当以[4]书卷为伴，弃险以[5]远则不敢至之怯，慕"拥火以[6]入深穴"之勇，醉"木欣欣以[7]向荣，泉涓涓而始流"之美……畅游书海以[8]极夫天地之乐，如此，以[9]帝位予我，亦弃之也，岂以[10]一冕之故而弃心神之逸？以[11]吾有如此之意，故方能长享逸乐。吾虽以[12]康熙六年至京师，然终未以[13]权贵交。以[14]上乃吾心之剖白，希汝能察之，故不必有"贤不见用，忠不见以[15]"之叹。

[1] 名词，原因。
[2] 动词，认为。
[3] 介词，动作行为所用或所凭借、依据的工具、方法及其他，凭借。
[4] 介词，把。
[5] 连词，相当于"而"，表并列。
[6] 连词，相当于"而"，表承接关系。
[7] 连词，相当于"而"，表修饰关系，连接状语和中心词。

[8] 连词,表目的关系,可译为"来"。

[9] 介词,起提宾作用,可译为"把"。

[10] 介词,表示动作行为产生的原因,可译为"因"、"因为"。

[11] 连词,表原因,可译为"因为"。

[12] 介词,引进动作、行为发生的处所,可译为"在"。

[13] 介词,表示动作、行为的对象,可译为"跟"、"和"。

[14] 助词,与"上"组合,表界限或范围。

[15] 动词,可译为"用"。

小故事白话版:

古人持烛在夜晚出行,也是有原因的。如果凭借我貌赛潘安(古时美男子),则出行可以不用顾虑。不然,以我现在的容貌出现在当地,则怕吓到别人。所以向来以书为伴,效仿孟子书中的那种做不到就不做的豪情,羡慕那种拿着火把进入很深的洞穴的勇气。沉醉在树木欣欣向荣的生长,泉水慢慢流下的美景中。我畅游在书的海洋中,用来满足天地之间的乐趣。如果这样的话,即使授予我皇帝的位子,我也会抛弃,怎么能够因为一个称号的原因而舍弃了我心神上的高兴呢?因为我有这样的想法,所以可以长享安乐。我虽然康熙六年就到了京城,但是最终还是没有和权贵有交往,上面所说的都是我的真心话,希望你能够明察,那样你就不会有"贤才没有被重用,忠才没有被提拔"的感慨。

五、助词篇

(一)所

《诗》曰:"伐木所所。"疏举切,本义是伐木声。可用作助词、量词、副词和代词等。

文言小故事:

"吾所以[1]为此者,以先国家之急而后私仇也",蔺相如此言,足使之为天下所[2]钦。以其所[3]居位，能如此，岂他人可及？察其言，观其行，知其非所以[4]沽名钓誉矣。与之相伯仲者，信陵君也，其于众人广坐之中，不宜有所[5]过之时，前访朱亥，其度岂常人哉？此二人皆所[6]以教人向上者也。

[1] 助词，与"以"构成固定复音虚词"所以"，表原因，相当于"……的原因（缘故）"。

[2] 助词，与"为"构成固定结构"为……所……"，表被动。

[3][5] 为助词，"所＋动词"构成名词性的所字结构，表示"……的人（事物、地方、情况）等"。

[4][6] 为助词，与"以"构成固定复音虚词"所以"，可译为"用来……，……的方法（途径、手段）"。

小故事白话版：

"我这样做的原因，是把国家的急事放在前面，把私人恩怨放在后面"，蔺相如这样的话，足以为天下的人所钦佩。以他所在的地位，还能这样，岂是其他人可以做到的？分析他说的话，观察他的行为，知道他这样并不是用来沽名钓誉的。和他品行差不多的人，就是信陵君了，他在大庭广众时，不适合有拜访他人的举动，却前去拜访（屠夫）朱亥，他的度量岂是常人啊？这两个人都是可以用来教人向上的典范。

> **小贴士：**
>
> 伯仲：伯、仲本义是表示兄弟间的排行。古代以伯（孟）、仲、叔、季来起名，表示长幼有序，伯是老大，仲是老二。伯仲连用时，表示不分高下，相差不多的意思。

巧学妙用汉语虚词

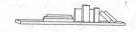

(二)乎

"乎"是"呼"的本字,本义为吐气。当"乎"借作语气助词、介词用之后,就另造了一个从"口"的形声字"呼"。"乎"与"也"互文通用。由于"也"字读音和"邪、耶"同,有时把它当作疑问语气词的"乎、耶(邪)"用。

文言小故事:

王之好乐甚,则齐国其庶几乎[1]。然吾曾见一人,其家世代捕蛇,多人死乎[2]是,而操此业不辍,问其故,曰:"可塞赋敛也。"嗟乎[3],赋敛之毒有甚是蛇者乎[4]!而王胡为乎[5]好乐甚?若王专于理事,必恢恢乎[6]而有余,则王之所为其胜乎[7]好乐者也。臣之驽顿,所言者谬,王能谅之乎[8]?

[1] 句末语气助词,表揣测,相当于"吧"。
[2] 介词,相当于"于"、"在"。
[3][4] 句末语气助词,表感叹,相当于"啊"、"呀"。
[5] 句中语气助词,表停顿。
[6] 形容词词尾,相当于"……的样子"、"……地"。
[7] 介词,表比较,相当于"比"。
[8] 句末语气助词,表疑问。

小故事白话版:

齐王(果真)很喜欢音乐,那么齐国治理得大概很不错吧。但是我曾见过一个人,他家世代捕蛇为生,家里很多人是因此而丧命,但是仍然还是干这行,没有改行,问他(不改行的)原因,他说:"可以抵偿赋税。"唉,赋税的毒害比毒蛇还厉害啊!然而大王为什么这么喜欢音乐啊?如果大王专心朝政,处理政事不费力气而游刃有余,那么大王的行为就比爱好音乐要强。微臣(我)比较愚笨,所说的话有错误的地方,大王能原谅吗?

(三)也

"也",在现代汉语中用作副词是指同样的意思,而用作助词是指用在句末表示判断或肯定语气的意思。作语气词时,强烈且果断,用在句尾,当做肯定语气词,主要用于陈述句中。由于"也"字读音和"邪、耶"同,有时把它当作疑问语气词的"乎"、"耶(邪)"用。

文言小故事:

"师道之不传也[1]久矣,汝何以能复之也[2]?""吾将劝勉督责以行之也[3]。""汝之言,金玉也[4]。""汝之心胸,吾辈何能及也哉[5]!"

[1]句中语气助词,表停顿,舒缓语气,引起下文。
[2]句末语气助词,表疑问或反诘语气。
[3]句末语气助词,表肯定语气。
[4]句末语气助词,表判断语气。
[5]句末语气助词,与"哉"连用,表感叹语气。

小故事白话版:

古代从师学习的风尚不流传已经很久了,你为什么可以恢复这些?我会用劝导、勉励、督促、责备的方式用来施行。你说的话,是黄金美玉。你的心胸,怎么会是我辈所能达到的啊!

(四)者

者:字从耂从日。"耂"字从土从丿,读为"不土",义为"不耕土";"日"指"日子"、"每天"。"耂"与"日"联合起来表示"全天从事非农生产"、"工商专业户"。本义是非农业户口的家庭、城市市民户籍,后来引

申义为任何户籍的家庭。

文言小故事:

李白者[1],诗仙也。为当国者[2]所拒,遂游于此山。今者[3],山中与幽人对酌,乃一浇其心中块垒也。力士脱靴,国忠捧墨,诗讽杨妃,此数者[4]乃其得罪之源,亦其个性之抒扬,故虽仕途失意,仍不辍伟志,发之于

诗,其诗传于后世者[5]不可胜计,遂就其万世英名。

[1]助词,用在判断句主语的后边,起提顿作用,不译。

[2]助词,附在别的词或短语之后,组成名词性短语,指称上文所说的人、事、物,译为"的人"、"的事"、"的东西"、"的想法"、"的做法"。

[3]助词,放在时间词之后,起语气助词作用,不译。

[4]助词,放在数词之后,可译为"……方面"、"……样东西"、"个"、"样"之类。

[5]助词,定语后置标志。

小故事白话版:

李白,是诗仙。被朝廷的当权者拒绝,因此在此山游玩。现在,在山中和幽人对饮,一浇心中的不快。高力士脱靴子,杨国忠捧墨砚,作诗嘲讽杨贵妃,这些都是李白获罪的原因。也因为他的个性张扬,所以即使在仕途上失意,也没有改变他的伟大志向,把情绪写于诗内,他的诗流传下来的不计其数,因此成就了他的万世英明。

（五）焉

"焉"在小篆中字形像鸟,本义为焉鸟。后被假借为文言虚词。

文言小故事:

　　秦军过崤山间,见峭峭焉[1],狭狭焉[2],未料有伏焉[3],将士虽全力以搏,无奈进退不能,少焉[4],死之殆尽,故致大败。于是余有叹焉[5],骄而轻敌若此,焉[6]能不败?万军于之何加焉[7]?但以其傲,斥焉[8],则必无颜世上矣。

　　[1][2] 为形容词词尾,约同于"然",相当于"……的样子"。
　　[3] 兼词,相当于"于彼",在那里。
　　[4] 句中语气助词,表示停顿。
　　[5] 语气助词,不译。
　　[6] 疑问代词,怎么、哪里。
　　[7] 句末语气助词,相当于"呢"。
　　[8] 代词,相当于"之",他们。

小故事白话版:

　　秦军通过崤山山谷,只见山势陡峭的样子,山谷狭窄的样子,没有想到会遭到伏击,将士们虽然用尽全力拼搏,但是没办法,还是进也不行,退也不行,过了一会儿,将士们都要死光了,所以导致大败。于是我感叹到,因为骄傲而轻敌到了这种地步,怎么能不失败?即使再有万千军马又能如何呢?单单是斥责他们的骄傲的话,那他们都肯定没有颜面活在这世上了。

三　拒绝中规中矩——玩转文言虚词有妙招

　　文言虚词大多"身兼数职"、灵活多变,因此理解起来难度较大。因

而无论是古人还是今天都常说"实词易训,虚词难释"。今天我们要运用一些方法变难解为易辨、易解、易训。

一、分清虚实,不做无用功

文言虚词大多是从实词借用或从实词虚化而来。因此有的词既可以用作实词,也可以用作虚词。

例如:"相如顾召赵御史书曰"(《史记·廉颇蔺相如列传》)(相如回头召赵国史官写道)一句中的"顾"是"顾"的本义"回头看"的意思,是实词(动词)。

而同一篇中的"顾吾念之,强秦之所以不敢加兵于赵者,徒以吾两人在也"(《史记·廉颇蔺相如列传》)(但是我想到,强大的秦国不敢轻易对赵国用兵的原因,只是因为有我们两个人在啊!)。这一句中的"顾"则是虚词(连词,表转折),"但、不过"的意思。

大家在阅读时既不要误虚为实,也不要误实为虚,要仔细加以分辨。

二、巧辨析,猜意思——以不变应万变

(一)语境推断法

文言文阅读离不开具体的语境,常见的虚词大多有多种用法,词性词义变化较为复杂,要确定其具体意义和用法,可以结合上下文,利用文意解题。这种方法对作为关联词语使用的虚词特别有效。

文言虚词的语境主要有两种:

1. 句内语境。虚词进入句子以后就构成了句内语境,其意义和用法便有单一性和确定性了。

2. 上下文语境。文言虚词在语言结构中的地位,有的只处于句内结构,有的却处于非句内结构,这就需要联系上下文语境对其进行具体分析。

怀王以不知忠臣之分,故内惑于郑袖,外欺于张仪,疏屈平而信上官大夫、令尹子兰,兵挫地削,亡其六郡,身客死于秦,为天下笑,此不知人之祸也。(司马迁:《史记·屈原列传》)(怀王因为不明白忠臣的职分,所以在内被郑袖所迷惑,在外被张仪所欺骗,疏远屈原而信任上官大夫和令尹子兰,军队被挫败,土地被削减,失去了六个郡,自己也被扣留死在秦国,为天下人所耻笑。这是不了解人的祸害。)

从这段话中可以推断"故"是"所以"的意思,根据前后句意为因果关系可以推断出前一句的"以"应为表原因的"因为"。

再如:以下关于"焉"的用法:

1. 五人者,盖当蓼洲周公子之被逮,激于义而死焉。

这句话的语境是"这五个人,就是当周蓼洲先生被阉党逮捕时,为正义所激奋而死于这件事的",由此可推断"焉"是兼词"于此"。"死焉"即"死于这件事"。

2. 去今之墓而葬焉,其为时止十有一月耳。

语境是"距离现在修墓安葬他们,为时不过十一个月罢了"。由此可推断"焉"是代词,代"五位义士"。"葬焉"即"安葬他们"。

3. 割鸡焉用牛刀。

"焉"用在疑问句中,表示反问的语气,由此可以推断"焉"是疑问代词,可译为"怎么、哪里"。

4. 一羽之不举,为不用力焉。

"焉"用在陈述的语境里,是句末语气助词,相当于"了"、"啊"、"呢"。

(二)代入筛选法

这是一种最常用的方法。通过上文的解析咱们已经熟记了一些常见、常用、常考的虚词的基本用法和意义,那么在阅读和解题时,咱们就可在头脑里面搜索意思,将脑海中属于这个虚词的每个用法代入句子,挑选其中讲得通、说的明的那一项,从而获得正确的答案。

以"而"为例,其主要用法上文已经列出。我们可以试着用代入法一个一个试着推断出以下各句中的"而"与以上哪一种意思相对应。

(1)蟹六跪而二螯,非蛇鳝之穴无可寄托者。(《周礼·考工记》)

(2)置之地,拔剑撞而破之。(司马迁:《鸿门宴》)

在——代入进行理解和筛选后,将判断出来的意义、用法代入句子中,若结合上下文,语意通畅,即可验证准确。

以上例子经过一一带入理解后可以判断出:

蟹六跪而二螯,非蛇鳝之穴无可寄托者。(螃蟹有六只脚和两只钳子,没有蛇鳝的巢穴就不可以存身,是因为他用心浮躁没有将自己的条件充分使用。)——而,连词,表并列关系。

置之地,拔剑撞而破之。(把它放在地上,拔出剑来将它击碎。)——而,连词,表承接关系。

(三)语法推断法

在不同的句子中,虚词所在的位置是不同的,它与其他词组合关系的不同,所起的实际作用也不同,其意义和用法也就不同。句子的结构是固定的,什么词充当句子的什么成分也是固定的,只要分析出词的用法,那么词的意义就明白了。简单说就是我们可以借助语法知识分析特殊虚词的含义。

比如,要判别:

（1）吾妻之美我者，私我也。

（2）请以秦之咸阳为赵王寿。

诸句中"之"字的意义，可根据语法知识鉴别它的用法，从而找到突破口。

（1）中"吾妻"是主语，"美"形容词的意动用法，作谓语，"我"是宾语，由此可确定"之"介于主谓间，取消句子独立性。

（2）"秦之咸阳"为偏正结构，"咸阳"是中心词，"秦"是限制词，"之"显然为结构助词。

通过以上举例可以看出，抽主干、析结构、判功能，不失为简便的虚词推断方法。

（四）标志确认法

有些虚词是构成文言特殊句式的标志，如能牢记课文中出现过的这些有代表性的词，便有助于快速解题。

文言句式有两大类：特殊句式和固定句式。特殊句式，除较易识别的判断句、被动句外，重点是倒装句。如主谓倒装"……矣，……"（甚矣，汝之不惠），定语后置"……之……者"（马之千里者，一食或尽粟一石），状语后置"……以……"（覆之以掌）等。

固定句式较多，须熟记的如："不亦……乎"（学而时习之，不亦乐乎？），"无以……"（军中无以为乐），"何……为？"（多多益善，何为为我擒？），"如……何？""若……何？""奈……何？"（如太行、王屋何？），"所以……"（师者，所以传道授业解惑也）。

（五）成语推断法

成语是用简洁精辟的固定词组或短句，绝大多数源于古诗文，因此，其中许多虚词的含义与用法和文言文中的完全相同。根据这一特点，利用自己熟悉的成语来推断文言虚词的含义，也是一种行之有效的好办法。

如"急急乎唯进修是求"一句中"是"的意义和用法，就可根据我们

熟悉的成语"惟命是从"、"惟利是图"来推断,它应是助词,为宾语前置的标志。

又如"善战者因其势而利导之",可用"因势利导"、"因地制宜"等成语来推断,这里的"因"是介词"依照、根据"之意。

(六)对应位置法

语言结构相同或相似的词句构成的并列式句子,其对应位置上的词语用法往往相同或相似。由此可从句中熟悉的虚词的用法,来推断对应位置的疑难虚词的用法。例如:

1.昔我往矣,杨柳依依;今我来思,雨雪霏霏。

"矣"和"思"处于对应位置,由"矣"是语气助词可推断"思"也应该是语气助词。

2.舟遥遥以轻飏,风飘飘而吹衣。

"以"和"而"处于对应位置,"而"是表修饰的连词。

若能灵活地综合运用以上推断技巧,就会起到事半功倍的效果,大大增加掌握文言虚词的能力。当然,要想彻底攻克文言虚词这一"堡垒",关键还在于平时的积累。

三、强阅读,审辞气

诵读文言文对于文言文的学习是非常重要的。古人学习文言文,大多采用"死去活来"的学法,即拿到一篇文章,不管三七二十一,先熟读直至会背,然后再理解其意。其实这种学习文言文方法就是在强调"读"的重要性。

文言文"言"其实有一个很重要的含义就是文言的语感,应该说语感是文言文"言"的最高层面。学生无论是考试做题,还是平时阅读浅易文,真的一个一个去套用去分析的并不多。很多时候作出判断靠的是语感。古人说:"书读百遍,其义自见",这是很有道理的,尤其是这种对于绝大多数孩子来说都非常陌生的文体。读得多了,自然就会知道怎么去断句,读得多了,有些句子自然就会读懂。因此我们学习文言文需要在平时加强朗读、背诵,培养文言文语感的同时,再探寻一些解读、解题的规律,掌握一定的文言虚词用法和意义的推断技巧。

前人学习文言文讲求"明训诂,审辞气"。"明训诂"主要是针对实词而言,而"审辞气"则主要针对虚词而言。虚词在词与词的缀合、句子语气的显示、神情的传达方面起着非常重要的作用。文言虚词的学习除了要掌握其功能、用法外,还需要在反复诵读的基础之上,深入把握文言虚词所表达的语气和感情。

小贴士:

晨读文言小故事

文言文学习只靠学习课本上的几篇文言文是不够的,大家必须在平时学习中就不断熏陶积累。而在学校利用晨读时间齐声朗读一些文言文小故事,对于文言文的学习效果是很好的。

第五章

比较现特色

对于初学写作文的同学，往往都有这样的体会：写作文的时候，经常在虚词的使用上遇到困难。比如说，"的、地、得"混用；该用"所以"的地方用了"因此"；该用"而且"时用了"可是"；或者是"把"和"被"的混用等。之所以会出现这些差错，一方面可能是有的同学不大了解它们的作用和用法，以全于该用时不用，不该用时又乱用；另一方面可能是许多同学不明白相近意义的虚词之间的区别与关联，从而导致对它们的混用。

为了使同学们在使用虚词的能力有所提高，从而正确地运用虚词进行写作和日常交流，在本章节中，我们将选取一些常用的虚词进行详细比较分析，一些易混的虚词也单独列出进行了比较，目的就是为了让读者朋友在这些比较中能够掌握并辨别清楚它们的用法。

一 附着有差异——"的、地、得"的不同

附着在词、词组后面或前面，帮助词和词组与别的词或词组组成某种结构关系的虚词被我们称为结构助词。"的"、"地"、"得"作为结构助词，相信大家是不陌生的，在我们的日常生活或学习中它们的身影随处可见，用错的，读错的，唱错的，怎一个五花八门了得！

一、唱错！用错！易读错！

2008年北京奥运会开幕式歌曲《我和你》,其中有句歌词"来吧,朋友,伸出你的手……"用中国近现代音乐的基本知识进行说明,用现代汉语演唱歌曲中的"的"发音为"di"而不是"de",而在开幕式演唱中,"的"发音都是"de"。显然,这个发音跟音符、音色是很不协调的。

新浪网博文说,遇到"的"、"地"、"得"时,你会不会区别? 相信不少人对这三个字甘拜下风。提到"的、地、得"的用法,可以说大多数中国人是不过关的,有些伟人、作家也会经常混用、误用。

看来我们易犯的错误和"伟人"、"作家"是一样的呢。

教育部对这一问题的说明是:上世纪50年代的《暂拟汉语教学语法系统》中"的"、"地"使用曾是严格区分的。《中学教学语法系统提要(试用)》提出在中小学教学中不再做硬性区分,当然如果能区分开更好。

看来关于"的、地、得"的讨论是旷日持久的。不仅在唱、用的方面有问题,在说的时候同样有麻烦。这三个字本身都是多音字,存在一字多音现象。"的"有"dì、dí、de、di"四种读音;"地"有"dì、de"两种读音;"得"有"dé、děi、de"三种读音。这样混在一起三个字就有了至少五种读

音,再加上我们的发音有时会受到方言的影响,这样一来更是越读越乱。

二、正确使用我支招

"的、地、得"作为助词使用,独立性很差,任何情况下都不能单独使用。它们总是附着在词或词组的前面、后面或句末,帮助实词词组或句子组成种种结构和表示一定的附加意义,并且全都读为轻声。

不论是词或者词组还是句子,只要后边附加了"的、地、得",它就失去了其他的作用,成了附加成分。例如,"吃、喝"是一种动作,加上"的"变成了"吃的"、"喝的"或"吃的火锅"、"喝的二锅头",这时"吃、喝"就不再表示动作,而是带有了附加意义。又如,"他买花",是陈述他做的一件事情;"他买的花",是陈述他买的内容,意义发生了改变。

1."的、地、得"的区别:

一般说来,助词"的、地、得"的区别是这样的:

的:定语的标志	定语 + 的 + 名词	例:美丽的季节
地:状语的标志	状语 + 地 + 动词	例:快乐地跳起来
得:补语的标志	动词/形容词 + 补语	例:伤得很重

需要注意的是,"的"往往还有这样的用法:当动词、形容词作主语或宾语,它们的前面又有定语时,应该用"的"做标记:

1."的"一般用于"定语(名词/动词/形容词/词组) + 的 + 中心语(名词)"结构,鲜明地表示出语词的偏正关系。定语由名词、动词、形容词或词组充当;中心语一般是名词,还有数量词、代词,临时作名词的动词、形容词。

附着在"的"前面的词或词组作定语修饰、限制它后面的名词,当"的"字与前面的词或词组构成"的字结构",它的语法功能就相当于一个名词,可以充当名词作句子成分。

例如:

（1）人们对于蜜蜂的赞美,尤其充满哲理的情趣。（"的"附着在名词"蜜蜂、哲理"后面,修饰限制中心语"赞美"和"情趣"）

（2）那美丽的尾巴抖动着,像一把五彩洒金的大扇子。（"的"附着在形容词"美丽"后面,起修饰作用）

2."地"一般用于"状语（副词/形容词/词组）+地+中心语（动词/形容词）"的结构。

"地"附着在词或词组后表示它前面的词或词组是句子中的状语,修饰、限制它后面的动词或形容词,不能修饰名词。"地"往往也可以附着在副词、形容词的重叠式或某些双音节形容词的后面,如:

（1）他渐次清醒过来,觉得左手非常地痛,才记起方才砍马的时候,把自己的手碰着刃口。（副词作状语）

（2）恰在这时,敬爱的周总理陪外宾来沙石峪,无比热情地肯定了"万里千担一亩田"的精神,鼓励沙石峪人要"更加谦虚,做出更大成绩"。（形容词作状语）

（3）教室里整整齐齐地摆放着桌椅。（形容词重叠式作状语）

3."得"一般用于"中心语（动词/形容词）+得+补语"的结构,表示偏正关系;"得"后面的补语是补充说明它前面的中心语（动词或形容词）的。

（1）为什么我的眼里常含泪水?因为我对这土地爱得深沉。（补充说明程度,中心词"爱"是动词）

（2）爬岭过梁的驿路之劳,使他累得如死狗一般,一觉睡到天亮。（补充说明程度,中心词"累"是形容词）

从"的、地、得"适用的结构,我们可以发现,"的"和"地"是用它前

面的成分修饰后面的词或词组的;而"得"是用它后面的成分,补充说明前面的动词或形容词的结果、程度或可能性的。

三、形形色色的"的"

前面已经详细谈到了"的"作为结构助词的用法,但是"的"还可以作为语气词,表示陈述的语气,表示情况确实如此,常与"是"连用。看下面几组句子:

(1)你那样说是可以的。(语气词)

(2)她是北京的。(结构助词)

(3)那岸上站着的一群人是看划龙船的。(结构助词)

"的"既可以在句中作"语气词",也可以作"结构助词",结构助词"的"有时也出现在句末,容易与经常出现在句末的语气词"的"相混淆。而要区分"的"是语气词还是结构助词,应注意三点:

第一,删去语句中的"是、的"之后,看句子的基本意思有没有改变,意思发生变化的是助词,不变的就是语气词。例如:

(1)那样说是可以的。 ——→那样说可以。

(2)她是北京的。 ——→她北京。

(3)那岸上站着的一群人是看划龙船的。 ——→那岸上站着的一群人看划龙船。

由上例可见例(1)中"的"为语气词,例(2)、(3)中"的"为助词。

第二,看"的"的后面能不能添加相应的名词性成分,能添加的是助词,不能添加的则是语气词。例如:

(1)她是北京的——→她是北京的学生/老师/干部。

(2)那样说是可以的。——→那样说是可以的学生/老师/干部。

例(2)中"的"为语气词,添加名词性成分后句子不通。

第三,看句中否定词的位置。否定副词能够加在"是"的前面,说明"是"是判断动词,则句末的"的"是结构助词;否定副词只能加在"是"后面,说明"是"是副词,句末的"的"是语气词。例如:

(1)她是北京的——→她不是北京的。
(2)那样说是可以的——→那样说是不可以的。

有时候孤立使用"的"字,会使一个句子产生歧义,因此还要根据具体语境和语义表达进行辨别。例如:

他是要走的。
——→他要走。("是"、"的"可省略,原句中"是"重读,句末"的"是语气词)
——→他是要走的人。("是"轻读,稍停顿,后面可加上名词,句末"的"是结构助词)

二　时间有差别——"着、了、过"的不同

当有人问:你吃饭了吗?
我们的回答通常可以是:我吃着呢。/我吃了。/我吃过了。
同样一个问题可以用三种方式进行回答,所不同的就是"吃"后面的"着、了、过"。通过具体的语境我们可以知道:"吃着"表示正在进行或持续;"吃了"表示动作已经完成;"吃过"表示动作已经过去,到现在已经有一段时间了。那么,由此我们就可以说:"着"表示持续态,"了"表示完成态,"过"表示经历态。它们都属于汉语虚词中的动态助词。

巧学妙用汉语虚词

动词后一般都可以加"着"、"了"、"过",其中,除"了"的用法比较复杂以外,在句子中,"着"和"过"的位置相对比较固定,即它们都只能用在动词之后。

下面来具体说一说这三种时态的用法。

(一)"了"的用法

不少同学都觉得"了"的用法比较难掌握,其实,汉语的"了"在句子中主要有以下几种用法,把他们弄懂,就可以比较准确地加以运用。

1. 表示已经发生的情况

"了"常常用在句末,表明已经发生的情况,从语法上说,"了"是语气助词,但是它所表示的却是动作的时间,例如:

(1)他进城了。
(2)我去商店了。
(3)昨天我们去长城了。

应该注意的是,用"了"的时候,句子中动词的宾语前一般不能加数量词做定语,否则就会使语义表达不清楚。例如我们一般不说:

(1)我们看一场电影了。
(2)他们去春游三天了。

当"了"用于与"来、去、到"等组成的连动句中时,"了"应该放在第二个动词或句子的后面。

(1)他去上海出差了。
(2)我们到北京游玩去了。

另外,"了"用于表示已经发生的情况的句子时,不能与表示否定的

"没"连用。例如我们不说：

(1)我没吃饭了。
(2)爸爸的花儿没落了。

2. 表示动作的完成

"了"一般用在动词后面,动词后面常常带宾语,而且宾语前应该有数量词或其他成分的词做定语,例如：

(1)我们在乡下过了一段愉快的日子。
(2)丁丁买了一本有趣的漫画书。

在肯定句中,"了"后的宾语如果没有定语,句子就没有结束,应该在宾语后再加上其他动词性词语,构成连续的两个动作,而且这两个动作都有可能在将来完成。例如：

(1)我们下了课就回家。
(2)他吃了饭就去上课。
(3)咱们买了东西就去奶奶家。

如果在表示动作结束的句子后再加上一个"了",则表示所说的事情是从过去的时间持续到现在,并且可能还要继续下去。例如：

(1)我吃了一个面包了。(我还要吃第二个面包)
(2)我已经学了两年英语了。(我还在学习英语)

3. 用作语气词的情况

"了"用作语气词,表示情况的变化。用作语气词的"了"与作助词

巧学妙用汉语虚词

的"了"不同,助词"了"只能附着在动词、形容词后面,而且常常在句中出现;语气词"了"只能位于句尾。如果"了"附着在句尾动词或形容词后面,"了"就兼有助词和语气词的作用。需要注意的是,否定句里仍可以用"了"表示语气。例如:

(1)下了一夜的大雨早上终于停了。
(2)今天不会刮风了。
(3)我已经身无分文了。
(4)爸爸,您辛苦了!(助词兼语气词)

4.读"liao"的情况

"了"的另一个发音是"liao",可以用在表示陈述或疑问的语句中,表示动作可能会发生也有可能发生不了的情况。例如:

(1)这么多作业我今天完成不了。
(2)这几天我饿得吃得了整头猪。
(3)班级聚会你来得了来不了?

(二)"着"的几种用法

"着"经常出现的两个发音,即"zhe"和"zhāo",前一读音用作动态助词,多表示动作的进行或状态的持续,也可以表示伴随的动作或者状态等;后一读音则用作动词,表示动作的结果等。

1.表示事物的存在

这样的语句,也被我们称为存现句,在这种句子中"着"一定要用在动词后,用来强调事物某种状态的持续。例如:

(1)墙上挂着一幅画。
(2)书架上摆着一排书。

（3）水里游着一条鱼。

2. 表示动作的进行
用在动词后面的"着"用来强调动作的进行,常常与"正、在、正在……"等表时间性的副词搭配使用,但这种情况下的"着"通常也可以省略不用。例如:

（1）我们正在看(着)足球比赛呢。
（2）大家都在海边玩耍(着)呢。
（3）我正吃(着)饭呢。

3. 表示伴随的动作
"着"用在做状语的动词后,表示与主要动作相伴随的动作。例如:

（1）我喜欢躺着看书。
（2）小孩子哭着要找妈妈。
（3）他笑着朝我挥了挥手。

4. 表示伴随的状态
与表示伴随的情况基本相同,但前一动作多不表示具体动作,而用来表示主要动作的某种状态。例如:

（1）她红着脸说:"不用谢!"
（2）小李眯着眼睛睡觉。
（3）玛丽低着头走了过去。

5. 表示动作的结束
"着 zhao"做结果补语时和"到"的意思基本一致,但"睡着、吃着、笑

巧学妙用汉语虚词

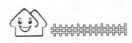

着"等情绪状态的词除外。例如:

（1）你找着(到)你需要的书了吗?
（2）我去车站没接着(到)父亲。
（3）我看你在床上躺了半天也没睡着。

（二）"过"的几种用法

动态助词"过"用来强调动作曾经发生过,即发生在过去的经历。大概包括以下几种情况:

1. 表示过去的经历

"过"表示曾经发生,因此,即使句子中没有具体的时间词,也不会影响句子所要表达的意思,如果有时间词,则应该是比较模糊或者是比较宽泛的时间词。如"以前"、"曾经"、"几年前"、"前段时间"等,而不应是具体的某一个时间词语,像"昨天"、"上星期一"、"今年"等。"过"与"了"最大的区别是,在表示否定的语句中,"过"不能被省略。例如:

（1）我以前没去过北海公园。
（2）他还没吃过北京烤鸭呢。
（3）你以前没看过《功夫熊猫》吗?

与"了"相同的是,在连动句中,"过"也要用在第二个动词或整个句子的末尾,表示动作发生在过去。例如:

（1）我们去黄果树瀑布游玩过两次。
（2）爸爸曾经到法国留学过。
（3）外国朋友去北京进修过汉语。

2. 表示动作的实现

"过"的这种用法表面上与表示经历的用法完全一样,但它表示的却是动作的完成,句末常常加"了",一般常用在口语对话当中。例如:

（1）早饭我吃过了。
（2）我刚刚听过这个音乐了。

3. 表示具体的动作

"过"还可以用来表示具体动作的过程性,也可以表示一个地点到另一个地点的位移过程。例如:

（1）我和同学们一起过春节。
（2）你们要好好过日子。
（3）咱们赶快过河吧!

4. 表示超过了限度

在口语的使用中"过"还有"过分、超过"的意思,"过"在句子中既可以用作补语,也可以直接作动词的谓语。例如:

（1）这件事情你做得有点过了,他可能生气了。
（2）已经过了约定时间了,客人还是没有来。

二者区别在哪里?

第一,"着"、"了"和"过"表示的时间范围不一样。"着"只能表示现时发生的情况,而"了"和"过"则没有这个限制。"了"可以表示过去完成或现时完成的,也可以表示将要完成或假定将要完成的情况;"过"既可以表示已经成为过去的情况,也可以表示预想将要发生或假定将要发生的情况。例如:

(1) 落日的余晖映照着满江春水。(正在发生)

(2) 我们过了河,进了车站。(现时完成)

(3) 等到秋天,树叶黄了落了,景色就更美了。(将要完成或假定完成)

(4) 在巴黎我看过这么壮观的建筑。(已经过去)

(5) 如果你到过桂林,一定会被那里的景色吸引住。(预想发生或将要发生)

第二,"了"和"过"虽然都可以附着在动词后边,表示动作的完成态,但"了"比"过"的使用更加自由,"了"既可以附着在祈使句否定式的后面,也可以附着在带趋向补语的动词后或某些动补结构后面,"过"则不能用在这些动词后。此外,"了"还可附着在名词后,表示事情的变化已经完成,还能用在单音节动词的重叠式之间,表示动作发生的短暂,"过"则没有这些用法。例如:

(1) 别忘了走时把大门关上。(祈使句否定式后面)

(2) 他急匆匆地跑了出去。(带趋向补语的动词"跑"后面)

(3) 汗水湿透了衣裳。(动补结构"湿透"后面)

(4) 已经冬天了,可南方还到处一片青绿。(名词后,表完成)

(5) 他嘴唇动了动,但最终什么也没说。(动词重叠式之间,表短暂性)

第三,"过"可兼作副词,用在单音节形容词前,表示超过了某种限度。"着"和"了"不能作副词使用。例如:

(1) 对自己不要估计过高,也不要估计过低。

(2) 同学们正积极准备迎接着考试的到来。("着"应删去)

(3) 校园里正在掀起了争做学习标兵的新高潮。("了"应删去)

三　看它七十二变——语气词的变换

开心一刻：

语文课上，小强正趴在桌子上睡觉，这时老师提问他："小强，你造一个疑问句。"小强不知所措："老师，你是问我吗？"老师："很好，再造一个祈使句。"小强："老师我没听清，请再说一遍吧！""再造一个感叹句。"小强低着头说："太难啦！我不会。""回答得很好，坐下吧。"

这里的"吗"、"吧"、"啦"都属于语气词，它们可以用在语句中表示疑问、祈使、感叹等语气。我们的小强同学看来上课睡觉都能把语气词用得很好呢，可是我们不能向他学习哦！

再请看：

他不愿意啊！
他不愿意吗？
他不愿意嘛！
他不愿意吧！

同样的一个句子，在句末用上不同的语气词，就表达出了不同的语气和意思，看来小小语气词，作用还真强大。那么这些语气词究竟有什么区别？是不是每个句子都可以使用多个语气词进行替换表达不同的语气和含义呢？在不同的句子中又该怎么进行选择呢？带着这么多的

巧学妙用汉语虚词

疑问,我们一起来看看这些语气词的不同在哪里。

【啊】

语气词中"啊"的使用频率最高,应用范围也最广,它可以用于各种句子的末尾,表达不同的语气,诸如:疑问句、感叹句、陈述句、祈使句等句型。"啊"既可以表示不同类型的语气,也可以表示同一类型句子的不同色彩和不同意味的语气。语气词"啊"有时候写作"呵",早期文学作品里也有写作"阿"的。由于受到前面音节的影响,"啊"在句子中有不同的语音形式,在书面上有"啊、呀、哇、哪"等不同写法。

1."啊"用在陈述句末,可以表示强调肯定、申明解释或提醒对方等语气。例如:

(1)守堤真跟打仗一样啊,你大意一点敌人就攻进来了。

(2)我是你的老同学啊,难道你忘啦?

2.用在祈使句句末,可以表示请求、催促、劝阻、命令或警告等语气。例如:

(1)同学们! 别闹,别闹,要镇静啊!

(2)"一定要赢啊!"我紧张得似乎心都要蹦出来了。

3.用在疑问句末,使问句语气和缓而不显得生硬,可以表示是非问、特指问、选择问或反问等语气。例如:

(1)你还嫌麻烦惹得不够啊?

(2)广场上一片混乱,到底怎么回事啊?

(3)这个孩子是你的儿子还是你的侄子啊?

(4)难道不许批评只能表扬啊?

4.用在感叹句末,可以表示赞叹、感慨、悲伤等语气。例如:

(1)多美好的夜晚啊!
(2)真是把我的心伤得不行啊!

5.用在句中停顿处,表示假设、强调、突出话题、列举,或用在打招呼的话里,表示呼唤。例如:

(1)越想啊,越觉得身上肩负的这副担子,分量不轻。
(2)中条山的风啊!你猛烈地吹吧!
(3)秋天到了,果园里一片丰收的景象,桃子啊、李子啊、苹果啊、梨子啊都把树枝给压弯了。

【吧】

"吧"可以在句子中表示疑问、感叹、商量、请求等语气。例如:

(1)新工厂早已开工了吧?(疑问)
(2)让一切不文明行为统统消失吧!(感叹)
(3)麻烦你把桌子上的书递给我吧。(请求)
(4)大概是几年前吧,我去你们那里生活过。(陈述)

使用"吧"的句子,要根据说话者的语气决定句末用问号、感叹号还是句号,当"吧"用在句子之间,后面要用逗号隔开表示停顿。

【呢】

"呢"用于疑问句中时,一般用来表示特指问、选择问或反问等。例如:

巧学妙用汉语虚词

(1)这里究竟发生了什么事呢?
(2)这篇作文能不能获奖呢?
(3)你为什么不好好地学习呢?

另外,"呢"还可用于陈述句中,表示确认事实的语气,带有一定的感情色彩。例如:

(1)别看她小小年纪,演技可好着呢。
(2)快走吧,大家在外面等着我们呢。
(3)别那么急,天色还早呢。

【吗】

"吗"在句中主要表示疑问的语气。用"吗"的疑问句,问话的人既可以有疑而问,也可以是无疑而问,希望发问得到对方的回答。例如:

(1)这是你的钢笔吗?
(2)他去参加革命了,你知道吗?
(3)为共产主义事业而奋斗还怕流血牺牲吗?
(4)做了这么多无意义的事情,不是等于没做吗?

前两句是从正面进行的提问,属于有疑而问;后面两句是反问,属于无疑而问。这种表示疑问的句型,没有别的疑问词可以替代。

【嘛】

"嘛"在句子中表示道理很明显,就是这么回事,有鼓励、确认、肯定的语气。多用于口语性的话语当中,本身并不表示疑问的语气。例如:

(1)咱们军民团结一家亲嘛。

（2）这个问题嘛，其实一点也不复杂。

（3）劳动模范要起带头作用嘛！

用"嘛"的句子，要根据说话的语气决定句末的符号。"嘛"用在句子中间，后面有停顿时，要用逗号隔开。

从用法上来看，首先，"吧"、"呢"、"吗"、"嘛"的使用范围要比"啊"窄。"啊"可以用于各种句式，而"吧"、"呢"、"吗"、"嘛"只能用于特定的几种句式；即使用于相同的句式中，如最开始列举的例子："他不愿意啊？"对"啊"进行替换，它们所表示的语气色彩和作用也不相同。"啊"可用以各种疑问句式表示各种疑问语气，也就是说"啊"可以在句子中代替任何表示疑问的语气词，而用"啊"的句子中，却不一定都可以用其他语气词进行替代。"吗"只能用于表示是非问和反问的句子；"呢"一般用于特指问、选择问和反问，"吧"只用于征询问。

其次，"呢"、"吧"、"嘛"和"啊"一样，也可以用在陈述句中，但"呢"只表示动作、情况的继续，表示强调、肯定的语气；"吧"只表示猜度或商量的语气；"嘛"用于口语性话语中，表示确认、肯定、鼓励等语气。"吗"则不可以用于陈述句中，不能表示陈述的语气。

再次，"呢"、"吧"、"嘛"也可以像"啊"一样用于句中或句末，表示突出话题，或是假设的语气，不表示呼唤或列举等性质；"吗"不能用于句中，只能用在句末。

此外，"吧"、"嘛"和"啊"一样，可以用于祈使句，表示请求、命令、劝阻、催促等语气；"吗"、"呢"则没有这种用法。

四　表示否定亦不同——词性的比较

{（1）昨天我们都忙，都没去他那儿。
{（2）昨天是他自己不去，不是我们不让他去。

巧学妙用汉语虚词

> （3）我没收到他的信。
> （4）如果到下星期一还没收到他的信，你就给我来个电话。

有些同学在区别副词"不"和"没（没有）"时，笼统地认为："不"不能用于"过去"，"没（没有）"不能用于"将来"，其实这种观点是片面的。副词"不"和"没（没有）"的区别并不是在于表示"将来"还是"过去"，因为"不"也可以用于过去，如例（2），"没"也能用于"将来"，如例（4），但这样的用法比较少，并且主要用于假设句中。

"不"、"没"、"没有"的区别：

"没"、"没有"、"不"都是否定副词，用在动词或形容词前面，作状语，表示对动作行为或状态的否定，但具体用法又有区别。

第一，"不"否定的是经常性或习惯性的动作行为、状态本身；另外，"不"用在过去发生的事情中，主要是表示动作发出者主观上不想，不愿意。"没"和"没有"否定的是动作行为的完成或经历。例如：

（1）好吧，我不打扰你了！
（2）比赛场上，你追我赶，各不相让，好不热闹。
（3）没等你请，我自个来了。
（4）荔枝还没红呢。
（5）她没有辜负党和人民的期望。
（6）我并没有阔哩，离富有还差好远哩。

例（1）、（2）的"不"分别用在了动词和形容词前，否定动作"打扰"和"热闹"的状态；例（3）、（5）中的"没"、"没有"用在了动词前面，分别否定了"等"和"辜负"这些动作的发生；例（4）、（6）中的"没"、"没有"分别用在形容词前，否定了"红"和"阔"的状态。例句中的"没"和"没有"都可以互换，并且意思保持不变，"不"则不能与它们相互换。

第二，"不"和"没有"都可以单独回答问题，独立成句，或者用在句末,构成疑问;"没"则不能用来单独回答问题和独立成句。例如：

(7)你看过这本书没有？
　他摇头说：没有。
(8)你打球不？
　不。

例(7)和例(8)中的"没有"和"不"都用在疑问句末构成了疑问句，并且可以使用"没有"和"不"单独回答问题。

"没有"和"有"也有不同，例(7)的否定回答是"没有"；肯定回答是"看了"；而不能说"有看"。"没有"的肯定形式不是"有"吗？这种情况又是为什么呢？原来"没有"只有作副词的时候，才可以独立成句。"副词"没有否定行为或状态，作状语，它的肯定形式不是把"没有"换成"有"，如："没有去"，它的肯定形式不是"有去"而是"去了"。

"没有"还可以作动词，否定事物的存在，作谓语。当"没有"作为动词使用的时候，它的肯定回答就可以是"有"，如：没有人吗？肯定回答是：有人。

第三，"不"可用在某些副词前面，或者插在动词的补语前面，表示对某种事实或结果是否定，而"没"和"没有"一般不能这样用。例如：

(9)老李常来你家串门吗？——不很常来。
(10)我这话不没道理吧？
(11)坐在教室却完全听不懂老师的讲课，感觉像坐牢一样的难受。

例(9)、(10)"不"否定了"很常来"和"没道理"，肯定的是"不常来"和"有道理"。例(11)是对动作的结果"听得懂"的否定。

第四，"不"还可以用在某些名词前面，表示"不像"、"没有"等意思，或者用在复句的分句里，跟"就"呼应，表示选择关系。"没"和"没

139

有"则没有这些用法。例如：

(12)说是友邦人士,莫名惊诧,长此以往,国将不国了!
(13)我懂得衰亡民族之所以默无声息的理由了。沉默呵,沉默呵!不在沉默中爆发,就在沉默中灭亡。

例(12)"不国"即"不像国家",例(13)"不……就……"表示选择关系,两者必选其一。

最后,"没"和"没有"还可兼作动词,用在名词、代词或名词性词组前面,作谓语,表示对事物存在的否定,"不"不能兼作动词。例如：

(14)留得青山在,不怕没柴烧!
(15)先生似乎有话要说,嘴巴动了动,但最终没有一个词句。

例(14)、(15)中的"没"和"没有"分别用在名词和名词性词组前,表示对这些成分的否定。

五　易混虚词集中辨

1.【对、对于、关于】

这三个词都是介词。"对"和"对于"都表示动作行为所涉及的对象,在一般情况下,二者可以通用,凡能用"对于"的地方均能改为"对"。例如："他对(对于)工作很负责。"但它们之间又有些不同的地方：

第一,当"对"含有对待、向等意味时,"对"不能换成"对于"。

第二,当"对"用在助动词、副词之后时,"对"不能换成"对于"；"对"多用于口语体,"对于"的色彩庄重些,更适合用书面语体。

"关于"是限定、提示关联到的人或事物范围的介词,有时可跟"对于"互换,例如"关于(对于)这个问题的处理,我完全同意"。但它们又有明显的区别：

第一，指出明确的对象用"对于"，不用"关于"；表示某种范围，用"关于"不用"对于"。

第二，"对于"可用在句首，也可以用在句中，而"关于"只用于句首，例如"我对于这个问题很了解"，不能说成"我关于这个问题很了解"。

第三，"关于"构成的介宾短语常作定语，常常单独作为标题，而"对于"构成的介宾短语多作状语，不能单独作标题，只有当它与名词组成偏正短语时才能作为标题。

2.【很、太】

一般来说，"很"和"太"都可以用来表示程度，但它们在表示程度时的用法是不同的。"很"是"非常"的意思，表示程度很高，一般都是用来说明客观的情况；"太"包括了"很"的意思，但程度更进一步，一般用来表示说话人的主观评价，也就是说话人用它来表示自己的看法、感情。例如：

他很烦人。　　　他太烦人了。

前者表示对一种事具体的态度，一种肯定的观点，后者常用于口语，说的话可能只是暂时的态度，以后可能会改变，不是特别的肯定。

巧学妙用汉语虚词

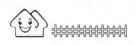

3.【以及、及其】

这两个词都是连词,都有"和"的意思,但又有区别。"以及"含有"还有"的意思,作用同"和"相当,因此,"以及"的前后成分是并列的关系。例如:"地球的形成,人类的起源,海底世界的趣闻,以及关于未来世界的科学幻想等等,都对青少年们有着极大的诱惑力。""及其"的"及"是"和"的意思,"其"是"他的或他们的"意思,"及其"就是"和他的或和他们的"意思。因此,"及其"的前后成分是领属的关系。例如:"她的父母经常教育李红及其弟妹,要遵守纪律,学好功课。"

因此,两者的主要区别是,它们所连接的前后成分的关系不同。"以及"前后成分是并列关系,"及其"前后成分是领属关系,后面的成分从属于前面的成分。

4.【通过、经过】

这两个词都是介词,都可以组成介词结构充当状语,有时可通用。但着重点不同。"通过"组成的介词结构表示由于某一手段或媒介的作用,才使得某一目的得以完成。例如:"这是个重要问题,必须通过会议的形式来解决。""经过"组成的介词结构表示引进某个过程,说明由于这个过程的完成,才使得其他情况发生变化。例如:"屋子经过打扫,干净了许多。"

两者的主要区别是:强调手段时大部分情况下要用"通过",偶尔也会有用"经过"的情况,但是强调过程时只能用"经过"。此外,当遇到既可以从"手段"也可以从"过程"考虑的情况时,二者通用。

5.【又、再】

这两个词都是副词,都可以用来表示动作的重复或继续,个别地方可换用。例如:"又比如说。"也可以说:"再比如说。""又如"也可以说"再如"。

归纳起来,二者的主要区别是:一、表示重复之意时,"又"表示已经重复的情况，"再"表示将要重复的情况；二、表示某一行动在另一行动之后出现时，"又"表示已经出现的情况，"再"表示将要出现的情况；三、"又"可表示兼有、追加或累积以及某些语气，"再"没有这些用法；"再"可以用来表示程度的增加，含有"更"的意思，而"又"没这层含义。

6.【不免、未免】

都是语气助词，作状语，用双重否定表示肯定。区别是："不免"表示客观上免不了，难以避免，用来加重句子的语气，有时还可以作谓语。例如："老栓见这样子，不免皱了皱展开的眉心。""未免"用来缓和句子的语气，不能作谓语，表示委婉的否定，含有不赞成等意思，例如："这封挂号信倘要遗失，未免太可惜了。"另外，"不免"只能用于表示肯定的句中，不能用于表示否定的句子中。例如：①旧地重游，不免想起往事。（√）②他是南方人，说起普通话来不免有些不十分纯正。（×）"未免"则没这种限制。

7.【常常、往往、经常】

这三个词都是副词，都表示"多次、多数、不断发生"的意思。它们的区别主要是：

"常常"除有多次、多数的意思外，还有时常、不断的意思。它既表示时间，又表示频率，在一般情况下，可以与"往往"互换。例如：①闹这类独立性的人，常常（往往）跟他们的"个人第一"主义分不开。②他们在个人和党的关系问题上，往往（常常）是不正确的。

"往往"除有多次、多数的意思外，还可以用来表示在一定条件或前提下将要出现的情况。例如："我们有些同志理论上承认教育是有阶级性的，可是一遇到具体问题，往往就把这个基本观点忘掉了。"

"经常"也表示"常常"、"往往"的意思，但还有连续不断、经久常行的意思，可以构成"经常性、经常不断"等词组。例如："人的思想也要经常检查，不断改造。"

8.【果然、居然、竟然】

三者都是副词,经常用作状语,都用来表明预想的情况和结果之间的关系。其区别是:

"果然"含有表示结果和预想的情况一致,含有真的、果真如此的意思。例如:"等到第二天早晨,山头上的云雾果然消散了。"

"居然"表示结果和预想的情况相反,含有没有料到会是这样的结果的意思。例如:"现在居然有了一头牦牛,怎么不叫人高兴呢!"

"竟然"也表示结果和预期的情况相反,但多用在不好的方面,指不应该这样而这样,常用于假设句,语气较重。例如:"为了种出不落桃的棉花,他竟然遭受到那么残酷的迫害,经历了那么严重的斗争。"

总之,主观愿望与结果情况一致时用"果然";主观愿望与结果情况不一致时用"居然"和"竟然"。

9.【以至、乃至、甚至】

这三个词都是连词,都能连接两个或以上的词、词组或分句,表示递进关系,指明范围由小到大,数量由少到多,程度由低到高,而且后面都可接上"于"。

"以至":①一般用在最后一项前面,相当于"到、直到、一直到"的意思,还能承接上文,引出下文的结果。例如:"来听课的有校内的学生、有助教、讲师以至教授。"②用在后一分句开头,表示后一分句的情况是由前一分句的情况程度加深而形成的。例如:"他把课文念得非常熟,以至有些地方都能背出来。"

"乃至"是文言虚词,比"以至"强调的程度重,多用于书面语,例如:"全中国乃至全世界人民都敬仰他。"

"甚至"强调的程度跟"乃至"相同,其后面加"连"组成"甚至连"时,强调的意味比"乃至"重。"甚至"还可以作副词,例如:"他激动得甚至说不出话来。"

10.【马上、立刻、立即】

三者都是用来表时间的副词,用在动词的前面作状语,表示动作、事件很快地发生或者后一件事情就紧接着前一件事出现,但是在具体的使用中仍然有区别。

"马上"一般多用于口语,比如说:我马上就来/车马上就到/天马上就要下雨啦。在句子中"马上"表现在时间上有伸缩性,有时用来表示时间较为短促,而有时只是说话人主观上认为短促,事实上却不一定如此。"立刻"则既可以用于口语也可以用于书面语,表示的时间很短促,而且主观上非常确定,比如说:我立刻就去北京/你立刻来我办公室。"即刻"多用于书面语,口语中一般不用,也用来表示时间的短暂,用法和"立刻"相同。

(1)在表示时间的短促上,三者可以互换。例如:

①各小组马上按原计划行动。(可以用"立刻"、"即刻"代替)

②你们先回去吧,我一有消息就马上通知你们。(可以用"立刻"、"即刻"代替)

(2)如果说话的内容是紧接着连续发生的,中间间隔的时间很短促,表示的意义是确定的,则"立刻"和"即刻"可以互换。例如:

③天哪,要是叫我的眼睛睁开,看你们一眼,就是立刻死了我也甘心。(可用"即刻"代替)

④主席发言完毕后,会场里立刻响起了经久不息的掌声。(可用"即刻"代替)

巧学妙用汉语虚词

第六章

解决误用有妙招

　　有次朋友在广州,去一茶楼里喝茶,注意到喝茶的茶杯外面有这样一圈字:"可以洗心也",而且这五个字不管你从哪一个字开始读,它都读得通,并且意思各不相同:

　　可以洗心也!

　　以洗心也可!

　　洗心也可以!

　　心也可以洗!

　　也可以洗心!

　　这样简单的五个字,竟然会有这样的组合能力,让我们颇感惊奇,那么究竟这里面藏着怎样一种奥秘呢? 仔细想来,其中最关键的就是一个"也"字。"也",文言虚词中常见,可以用作副词也可以用作语气词。在这些组合中,"也"既有作语气词使用的情况,也有作副词用的情况,所以可以在这句话的各个位置出现。如果去掉了会怎样呢? 显然句子原有的意蕴就丧失殆尽了! 但是并不是所有的虚词都可以像这个例子一样,这么灵活,虚词有时站错了位置,就会闯下大祸!

一 对症下药——虚词错用小门诊

"很牛、很马、很猪"？

迈克到中国来学习汉语已经三年了,他发现汉语中"猪、牛、马"等虽然都是家禽的名称,但是在使用上却好像很不一样。比如人们常常说"很牛",但却从来不说"很马、很猫、很鸭子"。迈克很好奇,就搜集了一大堆动物词语去问他正在读高中的好朋友张强,想知道哪些动物词语能这样说,哪些不能。张强告诉他:"汉语里'很牛'可以说,'很猪'也是可以说,这样的词还有不少呢。"在旁边听他们说话的爷爷却突然插嘴说:"什么叫'很猪'啊？怎么会有这种说法呢？""可是我们同学都这么说……"张强和爷爷争论了起来。这下子迈克更糊涂了,到底谁说得对呢？

147

病句类型

在我们的语文考试中,会出现辨析病句和修改病句的情况,一般辨析病句主要出现在选择题中,而修改病句通常是主观改错题。我们把这些病句类型进行归纳,大致就包括了:搭配不当、位置不当、词类误用、多余和重复、残缺和赘余五种情况。下面我们分开来看这五种错误类型。

一、搭配不当

（一）关联词搭配不当

在复句中,连词经常都是配对使用,在使用中,经常会出现关联词搭配不当的情况:例如:

（1）无论干部和群众,毫无例外,都必须遵守社会主义法制。

（2）人们认为,团队有效性的关键因素不只是个体贡献的简单相

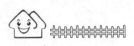

加,而是能使队员行动一致、互相配合的团队协作技能。

例(1)"无论"后面不能带由"和"连接的并列短语,只能带"还是"、"或"组成的短语。因此,例(1)应把"和"改为"还是"。例(2)"不只是"表示的是递进关系的关联词,"而是"表示的是转折关系,所以"不只是"和"而是"两个关联词不搭配,应该把"不只是"改为"不是"。

(二)约数词搭配不当

(1)消费者一旦被认定受到经营者的精神损害,经营者将支付至少五万元以上的精神赔偿。

(2)与空中航路相对应,在沿途的地面上,平均间隔300公里左右就设有一处雷达、通讯导航和众多空管中心等设备,为天路上的飞行提供服务。

148

例(1)"至少"表示确指,是最小值,"以上"是约数,不确定,两者相互矛盾,应删去"以上"。例(2)"平均"也是表示确指,"左右"也是表示约数,不确定,两者矛盾,应该删去"左右"。

(三)时间副词搭配不当

(1)由北京人民艺术剧院复排的大型历史话剧《蔡文姬》定于5月1日在首都剧场上演,日前正在紧张的排练之中。

(2)近年来,龙口市各行政村以南山精神为动力,在新农村建设中励精图治、辛勤耕作,描绘着家园未来美好的远景。

例(1)中的"日前"的意思是前几天,"正在"的意思是现在正在进行,两个意思相矛

盾,所以可以将"日前"改为"目前"。例(2)中的"近年来"表示过去一直到现在,"着"表示的是正在进行,两者不能同时存在,应删去"着"。

二、位置不当

(一)关联词位置不当

(1)由于技术水平太低,这些产品质量不是比沿海地区的同类产品低,就是成本比沿海的高。

(2)不仅中药疗效好,而且价格低廉,没有副作用。

根据两分句主语相同,关联词在主语后;主语不同,关联词在主语前的规律。例(1)中的第一个分句与第二个分句的主语不同,分别是"质量"和"成本",因此,关联词应该在主语的前面,所以,应该把"质量"和"不是"调换位置,"不是"放在"质量"的前面。例(2)的主语相同,都是"中药",所以关联词应该在主语后,应该把"不仅"放在主语"中药"的后面。

(二)副词的位置不当

(1)与作家不同的是,摄影家们把自己对山川、草木、城市、乡野的感觉没有倾注于笔下,而是直接聚集于镜头。

(2)他生前被人不理解,死后还要蒙受屈辱。

否定副词"不"和"没有"用在"把"字句、"被"字句中,要放在"把"和"被"的前面。例(1)"没有"在"把"的后面,例(2)"不"在"被"的后面,所以例(1)应该改为"摄影家们没有把自己对山川、草木、城市、乡野的感觉倾注于笔下",例(2)应改为"他生前不被人理解"。

(三)单个连词的位置不当

149

巧学妙用汉语虚词

（1）老师批评了他，由于他故意扰乱课堂纪律。

（2）至于你说的方案，是基本的方向，具体如何执行，还没做最后决定。

例（1）中"由于"是前置连词，应该用在前一个分句中，所以，这句话可改为"由于老师批评了他，所以他故意扰乱课堂纪律"，或者直接前后分句对调，改为"由于他故意扰乱课堂纪律，所以老师批评了他"；例（2）中的"至于"是后置连词，表示另提一件事，所以只能用于后一件事或后一分句，因此，例（2）应该将"至于"移到"具体如何执行"的前面。

三、词类误用

（一）连词、介词混用

（1）到目前为止，人还不能控制自然灾害，农业收成的好坏，在很大程度上还是由于自然条件的好坏决定的。

（2）他为了怕让人笑话自己胆小，便硬着头皮钻进了伸手不见五指的山洞。

例（1）中连词"由于"表示因果关系，在这里，应该由介词来引出对象，所以应该用介词"由"代替"由于"；例（2）中，"为了"是引出目的的介词，在这里应该用表示原因的连词"因为"。

（二）介词的误用

（1）小男孩吃力地推着车，但无论如何也推不上那个土坡，我上前带了他一把，趁机向他聊了起来。

（2）随着通讯日渐发达，手机几乎成为大家不可缺少的必需品，但使用量增加之后，关于手机质量的投诉也越来越多。

例(1)中,"向"作介词,表示动作行为的方向,例句中"向"后面是动作的对象,而无方向性,因此,应该改为引出对象的"跟、同"等;例(2)中的"关于"表示关涉,所涉及的是对象,而"手机质量"应该是"投诉"的对象,因此,应该把"关于"改为"对"。

(三)连词的误用

(1)当地造纸厂偷排未经处理的废水,使周围的水变得又黑又臭,许多水生动物大量减产和绝产。

(2)贵阳的气温都零下了,况且是北京。

例(1)中,连词"和"表示并列关系,例句中"减产"和"绝产"并不是并列关系,而是递进关系,因此"和"应该改为表示递进关系的"甚至";例(2)中"况且"虽然是表示递进关系,但是只能用于进一步说明理由,而例句中,况且后面不是对理由和原因的进一步解释,因此应该把"况且"改为表示递进关系的另一个连词"何况"。

(四)副词的误用

(1)他拿着望远镜看了一阵,想了一会儿,接着在地图上飞快地画了一些符号,然后用望远镜仔细地再看了一阵。

(2)近年来,我国的经济建设不断发展,文化建设不断前进,但是,与此同时,在某些城市,甚至在一些农村,封建迷信也在复苏。

例(1)中,"再"虽然表示动作的重复,但是"再"只能用于未发生的事,而例句中动作已经发生了,所以不能用"再",应该改为"又";例(2)中,"甚至"表示突出的、更进一步的强调,它所隐含的意思是"按道理来说,城市比农村更迷信",所以这与事实不符,应该把"甚至"改为"特别"或"尤其"。

巧学妙用汉语虚词

四、多余和重复

（一）多余

（1）观摩了这次关于农村经营承包合同法的庭审以后，对我们这些"村官"的法律水平有了很大的提高。

（2）本品是用金银花、连翘等中药配制而成，并且具有祛寒退热的功能。

例（1）用了"对"以后，使主语残缺，所以应该把介词"对"删去；例（2）前一分句说的是成分，后一分句说的是功能，前后没有关系。因此，不能用"并且"来表示并列关系，应该删去。

（二）重复

152

（1）1984年9月，王永民被应邀到联合国讲学，并实地表演"五笔字型"。

（2）梵·高一生都在贫困和饥饿中度过，如果要是没有他善良的弟弟提奥的倾力相助，他的生活将会更加狼狈不堪。

例（1）中"应邀"本身就包含着被动的意思，再加上"被"，意思就重复了，所以应该删去"被"；例（2）中"如果"和"要是"都是表示假设的意思，在同一个层次上，不能有相同类型的连词，所以应该删去其中一个。

五、成分残缺

（1）联合国设立"国际家庭日"的目的，是为了促使各国政府和民众更加关注家庭问题，提高家庭问题的警觉性，促进家庭的和睦与幸福。

（2）国有矿山企业不仅为工农业发展奠定了基础,为提高人民生活水平和综合国力作出了重要贡献。

例（1）中,"提高家庭问题的警觉性",只能是人提高警觉性,"家庭问题"只能是被警觉,而不能自己警觉,所以应该加上介词"对"引出对象,即"提高对家庭问题的警觉性";例（2）是递进关系的复句,在前一分句中有表示递进关系的关联词"不仅",但在后一分句中缺少与之相应的关联词,所以要在后一分句中加上"而且、还、更"等,作为与"不仅"相呼应的关联词。

以上列举了常见语病的具体类型,怎样辨析,光知道类型还不够,还要掌握一些检查语病的规律和方法。为了便于记忆,我们根据具体的句子语境编了一段顺口溜,以供参考:

> 语病分析要记清,先找句子主谓宾。
> 成分多余和残缺,结构杂糅意不明。
> 否定句中查否定,语序不当歧义生。
> 种属不能有并列,关联词语成对称。
> 主客倒置设障碍,逻辑习惯要当心。

二 有话好好说——辨析虚词找"良医"

虚词由于意义较虚,所以在使用中容易出现错误,下面介绍几种避免虚词误用的方法,帮助大家来更准确地使用虚词。

一、注意口语和书面语色彩的差别

我们知道,有些词语属于日常口语,使用比较随便,如"老爸";有些词语属于书面用语,用法比较正式,如"父亲"。虚词中也有一些具有口语色彩或书面语色彩的词,在使用时,我们要根据语言环境来判断应该

巧学妙用汉语虚词

用哪种,避免使用不得体。例如:

(1)咱们去公园玩玩吧,或者就去河边钓鱼,别总这么窝在家里。

(2)咱们去公园玩玩吧,要么就去河边钓鱼,别总这么窝在家里。

(3)当今的社会发展迅速、竞争激烈,惟其如此,我们才更要努力地充实自己。

(4)当今的社会发展迅速、竞争激烈,正因为如此,我们才更要努力地充实自己。

上面(1)、(3)组例子中,"或者"和"惟其"具有书面语色彩,特别是"惟其",属于文言虚词,而它们却使用在口语色彩浓厚的语言环境中,因此,读起来会怪怪的。可以将"或者"和"惟其"换成具有口语色彩的"要么"和"正因为",这样,就会顺口很多。

二、分清是成对使用还是单独使用

关联词语在使用中有着固定的搭配关系,一般不能换用。在辨析虚词时,结合例句中出现的词语,看清是不是成对出现,是否构成了固定搭配关系。一些虚词有几种搭配关系,用哪种搭配较妥当只能结合语境来选择。常见的成对使用的关联词有:

(1)表并列的:"不是……而是……"、"是……不是……"、"既(又)……又……";

(2)表选择的:"不是……就是……"、"是……还是……"、"与其……不如……"、"宁可……也不……";

(3)表递进的:"不但……而且……"、"尚且……何况……";

(4)表转折的:"虽然……但是……"、"尽管……可是……";

(5)表条件的:"只要……就……"、"只有……才……"、"除非……才……"、"无论……都……"、"不管……总是……";

（6）表假设的："如果……那么……"、"即使……也……"；

（7）表因果的："之所以……是因为……"、"既然……就……"；

当出现以上这些关联词时，要注意前后是否有相应的搭配，如果没有，可能就是病句。当然，关联词的搭配比较丰富，比如："虽然……但是……"，还可以搭配"虽然……可是……"等，所以在分析时，要根据具体的语言环境来判断。

三、分清是假设语气还是既成事实

有的关联词表示的是一种假设，未实现的事情；有的关联词表示已成事实的事情，要分清两者的区别。例如：

（1）即使会失败，我也要试试。

（2）虽然失败了，我也不后悔，因为我努力过了。

例（1）中的"即使"表示的是一种假设，到底有没有失败，现在还不知道；例（2）中"虽然"表示"失败"已经成为一种事实。

四、注意虚词的位置

（一）用于前一分句还是后一分句

在前面的连词部分，我们说根据连词的位置可以分为前置连词和后置连词。前置连词用于前一分句，后置连词用于后一分句，不能互换。例如：

（1）他和妈妈吵架了，由于妈妈误解了他。

（2）然而赢得比赛，是上天的眷顾，平时的努力，却是获胜的根本。

（3）至于你说的方案，是基本的方向，具体如何执行，还没做最后决定。

例(1)中,"由于"只能用于前一分句,所以这里应该改为能用在后置分句的"因为"。例(2)和例(3)中的"然而"和"至于"属于后置连词,这两个词应该用在后面一个分句的开头,"然而"应放在"平时的努力"前面,"至于"应放在"具体如何执行"的前面。

(二)主语前与主语后意义大不同

前置连词可以放在主语前,也可以放在主语后,但有时意思会不同。一般情况下,如果前后主语相同,那么连词放在主语后。如果前后主语不同,那么,连词放在主语前。例如:

(1)我不仅会画画,还会跳舞。
(2)不仅我会画画,他也会画画。
(3)你与其去,不如不去。
(4)与其你去,不如他去。

例(1)和例(3)前后主语相同,"不仅"和"与其"用在主语后面。例(2)和例(4)主语不同,"不仅"和"与其"用在主语的前面。

五、借助句子的语气、句式来辨析虚词

有些虚词对句子的语气有所选择。比如,有些虚词用来表达委婉语气,如"与其、不过",有些用来表达强调语气,如"宁可";还有些虚词只能用于某种句式,如:"绝不"只能用于否定的句子。例如:

(1)买牛肉,或者买羊肉? 他一时拿不定主意。
(2)今天分外不高兴。

例(1)"或者"一般用于陈述的语气,在这里应该用表示疑问语气的"还是";例(2)中"分外"只能用于肯定形式,否定形式可以用"十分、格外、非常"等。

六、注意主客体的区别

有些虚词(主要是"对"和"对于")用来引出主体,有些虚词用来引出客体。例如:

(1)对这种不文明的行为,有文化素养的人决不会容忍。

(2)这种不文明的行为,对于有文化素养的人,是不能容忍的。

"对"用于引出客体,"对于"是用来引出主体,两者不能混淆。

七、注意虚词的词性

一些虚词属于兼类词,如"和"既是连词也是介词,因此,要注意它们的区别,不要混为一谈。例如:

(1)工商、质量技术监督、公安等部门要把涉及禽流感防治物资和与人民生活密切相关的商品质量,作为当前的检查重点。

(2)他背着总经理和副总经理偷偷地把这笔钱分别存入了两家银行。

例(1)中的"和"是连词,连接"涉及禽流感防治物资"和"与人民生活密切相关的商品质量","与"是介词,引出对象;例(2)是个有歧义的句子,当"和"作连词时,"他"背着"总经理"和"副总经理"两个人,意思是,偷偷存钱这件事,总经理和副总经理都不知道。当"和"作介词时,那么"他"就背着"总经理"一个人,偷偷存钱这件事,是和副总经理两个人一起做的。

图书在版编目(CIP)数据

巧学妙用汉语虚词:王伟,陈凌,邵红梅编著.—贵阳:
贵州人民出版社,2013.9(2021.3重印)

ISBN 978 - 7 - 221 - 11363 - 4

Ⅰ.①巧… Ⅱ.①王… ②陈… ③邵… Ⅲ.①汉语 -
虚词 - 青年读物 ②汉语 - 虚词 - 少年读物

Ⅳ.①H146.2 - 49

中国版本图书馆 CIP 数据核字(2013)第 201338 号

巧学妙用汉语虚词

王 伟 陈 凌 邵红梅 编著

出版发行	贵州出版集团 贵州人民出版社	
地 址	贵阳市中华北路 289 号	
责任编辑	徐 一	
封面设计	连伟娟	
印 刷	三河市腾飞印务有限公司	
规 格	850mm×1168mm 1/16	
字 数	110 千字	
印 张	10.5	
版 次	2014 年 7 月第 1 版	
印 次	2021 年 3 月第 2 次印刷	

书 号:ISBN 978 - 7 - 221 - 11363 - 4 定 价:27.00 元

"快乐阅读"书系首批书目

语文知识类

秒杀错别字

点到为止
　　　　——标点符号的正确使用

当心错读误义
　　　　——速记多音字

错词清道夫

巧学妙用汉语虚词

别乱点鸳鸯谱
　　　　——汉语关联词的准确搭配

似是而非惹的祸
　　　　——常见语病治疗

难乎？不难！
　　　　——古汉语与现代汉语句法比较

作文知识类

议论文三步上篮

说明文一传到位

快速格式化
　　　　——常见文体范例

数学知识类

情报保护神——密码

来自航海的启发——球面几何

骰子掷出的学问——概率

数据分析的基石——统计

文学导步类

中国诗歌入门寻味

中国戏剧入门寻味

中国小说入门寻味

中国散文入门寻味

中国民间文学入门寻味

文学欣赏类

中国历代诗歌精品秀

中国历代词、曲精品秀

中国历代散文精品秀

语言文化类

趣数汉语"万能"动词

个人修养类

中国名著甲乙丙

世界名著 ABC